AphorismA

Ozan Zakariya Keskinkılıç

Die Islamdebatte gehört zu Deutschland.

Rechtspopulismus und antimuslimischer Rassismus im (post-)kolonialen Kontext

2019

Ozan Zakariya Keskinkılıç ist Politikwissenschaftler und Autor. Er studierte Internationale Entwicklung und Internationale Beziehungen in Wien und Berlin. Zu seinen Forschungsschwerpunkten gehören u.a. (antimuslimischer) Rassismus, Antisemitismus, Orientalismus, (Post-)Kolonialismus sowie jüdisch-muslimische Beziehungen und Empowerment. Er ist Mitherausgeber des Bandes *Fremdgemacht & Reorientiert. jüdisch-muslimische Verflechtungen* (Berlin 2018) und lehrt an der *Alice Salomon Hochschule* in Berlin.

Für Noa

Kontakt: info@aphorisma.eu

© AphorismA
Verlag | Antiquariat | Agentur
Mit angeschlossener Versandbuchhandlung
Gemeinnützige GmbH

Keskinkılıç, Ozan Zakariya
Die Islamdebatte gehört zu Deutschland.
Rechtspopulismus und antimuslimischer Rassismus im (post-)kolonialen Kontext

AphorismA Verlag – Berlin 2019
ISBN 978-3-86575-078-5

Vorwort

Mehr als zweitausend Kilometer von meiner Berliner Wohnung entfernt holt mich ‚Europas' Traum vom ‚Orient' unerwartet bei einem Besuch in Istanbul im Frühjahr 2018 ein. In Kadıköys Antiquariatsläden tummeln sich diverse koloniale Kulturgüter aus Frankreich, Großbritannien und auch Deutschland. Ob erotische Haremsphantasien auf Ölgemälden, süße Grüße auf Kolonialpostkarten, ‚exotische' Pflanzen, Tiere und Menschen ferner Ländereien auf kleinen Sammelkärtchen oder abenteuerliche Reiseberichte über ‚unzivilisierte', ‚triebhafte Orientalen' und ihre ach so fremden Riten und Traditionen im ‚Morgenland' – der ‚Orient' ist Kulisse eines Theaterstückes, in dem sich der Regisseur hinter künstlerischer, ethnographischer oder wissenschaftlicher Neugier versteckt. Orientbilder sind vielfältig, oft widersprüchlich und ambivalent (Attia 2007). Dafür steht die Figur des Osmanischen Reiches geradezu beispielhaft. Sie bieten Motiven der Angst und Begierde, des Schreckens und der Faszination gleichermaßen Raum zur Entfaltung und politischen Instrumentalisierung. Sie sind Bestandteil einer weitreichenden Ideologie und Praxis, die Edward W. Said (1978) vor vierzig Jahren unter dem Begriff des Orientalismus zusammenfaßt. Darunter versteht der palästinensisch-amerikanische Literaturkritiker und Mitbegründer der Postkolonialen Theorie eine spezifische Herrschaftsbeziehung, die ihre Kraft aus dem Wechselspiel von Wissen und Macht bezieht. Den ‚Orient' zu erforschen, seine Geheimnisse zu offenbaren und seinen mysteriösen Eigenheiten auf die Spur zu kommen, sei Teil eines Projektes der Autorität und kolonialen Fremdbestimmung. Dabei sei dieser ‚Orient', der sich in europäischer Wissenschaft, Kultur und Politik wiederfindet, keine Realität, sondern ein Sammelsurium an Fantasien und Sehnsüchten, also lediglich Trugbild. Der ‚Orient' ist orientalisiert, so Said, das heißt erfunden. Der Orientalismus produziert also ‚Europas' Gegenüber als Schattenidentität, um ‚uns' vom *Anderen* zu unterscheiden und die Überlegenheit des Eigenen zu postulieren. Nicht der ‚Orient', sondern der Orientalist spricht und ruft Ersteren ins Leben:

> It is Europe that articulates the Orient; this articulation is the prerogative, not of a puppet master, but of a genuine creator, whose life-giving power represents, animates, constitutes the otherwise silent and dangerous space beyond familiar boundaries. (ebd., 57)

Das Spektakel gründet auf einer symbolischen Grenzziehung zwischen dem Sehenden und dem Gesehenen: hier das Subjekt, das die Spielregeln eigenhändig bestimmt, und dort das Objekt, das sich dem ‚europäischen' Begehren zu unterwerfen hat. Der koloniale Blick fixiert sein Gegenüber, nimmt ihn ins Visier. Er inspiziert und durchleuchtet, kartographiert und kontrolliert. Dies tut er auch in den eingangs erwähnten Kulturgütern, die nun von Touristinnen und Touristen aus der ‚westlichen' Hemisphäre (wieder)entdeckt und in ihre ‚Ursprungsländer' als Souvenir (zurück)gebracht werden können, um sich an einem Stück exotischer Fremdheit zu erfreuen. Aber ‚der Orient' ist nicht stumm. In den besagten Antiquariatsläden lassen die *Anderen* das orientalistische Archiv nicht unbeantwortet. So stoße ich vermehrt auf Gegenstimmen, die den meisterhaften Monolog des ‚Abendlandes' unterlaufen. Neben literarischen, poetischen, naturwissenschaftlichen und philosophischen Zeugnissen aus ‚orientalischer' Hand grüßt mich eine für das eurozentrische Auge ungewöhnlich erscheinende Europakarte. Die auf der Frontseite dieses Buches abgebildete Landkarte provoziert gleich zweifach: Zum einen kehrt es den Blick auf ‚Europa' um, irritiert den ‚westlichen' Anspruch auf Universalität und Norm. Sie benennt den ‚Okzident' in arabischer Schrift. Hier blickt der ‚Orient' (zurück). Zum anderen führt das Bild (ungewollt) die aktuell weit verbreitete Verschwörungsphantasie einer vermeintlichen ‚Islamisierung des Abendlandes' ins Absurde. Der Topos der ‚Islamisierung' nimmt in deutschen Islamdebatten einen zentralen Stellenwert ein. 'Der Islam gehört nicht zu Deutschland' skandieren besorgte Bürgerinnen und Bürger an regelmäßigen Montagsdemonstrationen. Sie warnen vor der Unterwanderung und Überfremdung ‚Europas'. Auch Rechtspopulist(inn)en, allen voran aus dem Hause AfD, rekurrieren auf den Islam als dämonisches Feindbild. Sie beschwören ein demographisches Bedrohungsszenario herbei und stellen Musliminnen und Muslime – und als solche wahrgenommene Menschen – unter Generalverdacht, ihrer Kultur und Religion nach antidemokratisch, sexistisch, homo- und transfeindlich, antisemitisch und bedrohlich, integrationsunwillig oder gar -unfähig zu sein. ‚Der Muslim' tritt das Erbe des ‚Orients' an. Er wird zur Gegenidee ‚des Deutschen'.

Antimuslimische Narrative sind jedoch kein Alleinstellungsmerkmal des rechten Randes. Rechtspopulist(inn)en greifen auf in der Mitte der Gesellschaft weit verbreitete Motive und historisch tradierte Bilder zurück, die als muslimisch markierte Menschen in ein abstruses Sinnbild der Fremdheit einsperren. Indem ‚der Muslim' zurückgewiesen und im Außen verortet wird, entsteht gleichzeitig eine Leere, durch die zugleich ‚Deutschland' artikuliert und von seinem *Anderen* isoliert wird. Diese Trennung zwischen ‚uns Deutschen' und ‚den Muslimen' ist von einem (Ver-)Schweigen gekennzeichnet. Wie es zu dieser Grenzziehung kommt und was die stille, besser gesagt zum Schweigen gebrachte Lücke zwischen den Begriffen über ‚uns', ‚Deutschland' und ‚Europa' erzählt, will ich zum Gegenstand dieses Buches machen. Oder: Was verrät eigentlich die Islamdebatte über die Selbstwahrnehmung, die Fantasien und die Begierden einer Gesellschaft, die sie so leidenschaftlich führt?

In diesem Buch verfolge ich deshalb die Spuren deutscher Islamdebatten historisch zurück und dekonstruiere das Gefahrenszenario der ‚Islamisierung', das schon Anfang des 20. Jahrhunderts die *Verhandlungen des Deutschen Kolonialkongresses* in Berlin durchzieht und Projekte der Disziplinierung, Herrschaft und Kontrolle legitimiert. Ich kontextualisiere aktuelle Islamdiskurse postkolonial, analysiere den antimuslimischen Rassismus an der Schnittstelle zu anderen Ungleichheitsdimensionen und stelle dabei zweierlei fest: Erstens, die Islamdebatte gehört zweifellos zu Deutschland. Zweitens, Musliminnen und Muslime sind nicht für ihre Diskriminierungserfahrung verantwortlich. Um die Frage zu beantworten, was antimuslimischer Rassismus ist, wie er funktioniert und wie gegen ihn vorgegangen werden kann, muß der Blick umgekehrt und der Prozeß der Fremdkonstruktion und Ausgrenzung als solcher entlarvt werden. Der Schlüssel für die Kritik des antimuslimischen Rassismus ist nicht die Andersartigkeit ‚des Muslims', sondern jene Logik, die ihn zum Fremden macht. Nicht ohne Grund gilt für die Kritiken des Orientalismus und des antimuslimischen Rassismus eine Erkenntnis, die Jean-Paul Sartre für den Fall des Antisemitismus in seinen *Überlegungen zur Judenfrage* wie folgt ausformuliert: „Der Jude ist der Mensch, den die anderen Menschen für einen Juden halten: das ist die einfache Wahrheit, von der man ausgehen muß. [...] Der Antisemit *macht* den Juden." (Sartre 1954 [2017], 44) Auch ‚westliche' Orientbilder und Narrative des antimuslimischen Rassismus verraten weit mehr über die Produzenten des Diskurses als über sein Objekt. Deshalb bedeutet die Kritik des antimuslimischen Rassismus und des Orientalismus, hinter die Kulisse des Spektakels zu blicken, um den Sprechenden im Schatten der Islamdebatte sichtbar zu machen. Kurzum, der Muslim ist der Mensch, den die anderen Menschen für einen Muslim halten. Das ist die schlichte Wahrheit, die am Anfang dieses Buches steht. Das Problem lautet antimuslimischer Rassismus.

1. Einleitung

„Das Menschenbild der AfD hat mit dem Menschenbild der Bundesrepublik Deutschland nichts zu tun. Wir leben in einem großartigen Land, in der Bundesrepublik Deutschland. Und dieses Land hat nichts mit der AfD zu tun", erklärt Cem Özdemir in der Bundestagsdebatte am 05.09.2017. Der Fraktionsvorsitzende von *Bündnis 90/Die Grünen* erhielt parteiübergreifend Beifall für seine in meinen Augen merkwürdige Absage an die Rechtspopulist(inn)en. Özdemir reagiert auf jüngste Äußerungen des AfD-Spitzenkandidaten Alexander Gauland. Bei einer Wahlkampfveranstaltung im thüringischen Eichsfeld spricht dieser von einer „Entsorgung" der Integrationsbeauftragten der Bundesregierung Aydan Özoğuz in „Anatolien" (FAZ am 28.8.2017)[1]. Wenige Wochen später schafft die *Alternative für Deutschland* (AfD) mit 12,6% den Einzug in den Deutschen Bundestag. Seit ihrem Sieg bei der Bundestagswahl 2017 gehören 92 Abgeordnete der AfD dem höchsten Parlament des Landes an. „Da wir ja nun offensichtlich drittstärkste Partei sind, kann sich diese Bundesregierung […] warm anziehen. Wir werden sie jagen, wir werden Frau Merkel oder wen auch immer jagen – und wir werden uns unser Land und unser Volk zurückholen", triumphiert Gauland am Wahlabend (BR am 24.9.2017). Seit ihrer Gründung fordert die AfD die Altparteien mit ihrer Kampfrhetorik gegen das ‚Establishment' heraus. Sie erklärt den ‚Eliten' und der ‚Lügenpresse' den Kampf an und inszeniert sich als ‚Stimme des Volkes'. Viele, darunter auch Özdemir tun sich offenbar schwer damit, einen geeigneten Umgang mit der rechtspopulistischen Partei zu finden. In seiner Rede verfolgt der Grünen-Politiker eine fragwürdige Taktik, die AfD als politisches Problem aus dem gesellschaftlichen Kontext herauszulösen, sie als Ausnahmeerscheinung in einer an und für

---

[1] Gauland echauffierte sich über den Wortbeitrag der stellvertretenden SPD-Vorsitzenden zur ‚Leitkultur'-Debatte, wonach eine „spezifisch deutsche Kultur […], jenseits der Sprache, schlicht nicht identifizierbar" sei (FAZ am 28.8.2017).

sich makellosen Gesellschaft umzudeuten, ohne sich die Frage stellen zu müssen, wie viel Anteil ‚wir' am Menschenbild der AfD tatsächlich haben. Daß es sich bei Özdemirs Worten wohl eher um ein idealisiertes Hirngespinst handelt, zeigt der Umgang der Christsozialen mit ihrem ‚besorgten' Wähler(innen)-Klientel nur zu gut. Im Januar 2018 behauptet CSU-Politiker Alexander Dobrindt (2018), in Deutschland gebe es „in vielen Debatten eine linke Meinungsvorherrschaft". Dobrindt plädiert für eine „bürgerlich-konservative Wende" (ebd.). Mit der Strategie, Wähler(innen) durch restriktive Asyl- und Migrationspolitik, verstärkten Grenzschutz und Obergrenzen für die Aufnahme von Geflüchteten zurückzugewinnen, steht er nicht allein. Nicht zuletzt spielt ‚der Islam' für die Verhandlung nationaler Identität und die Regulierung von In- und Exklusionsprozessen eine herausragende Rolle. Die vermeintliche Gefahr einer ‚Islamisierung Europas' und die mit ihr einhergehende ‚Unterwanderung' und ‚Überfremdung unserer Kultur und Ordnung' vermengen sich mit Debatten über Migration, Integration, (‚Leit'-)Kultur, Religion und Sicherheit. Islamdebatten bieten den idealen Ausgangspunkt, um an die ‚Sorgen' und ‚Ängste' der Bürgerinnen und Bürger anzuknüpfen und Definitionshoheit sowie politische Autorität zu sichern. Statt wie Özdemir dem Menschenbild der AfD ein überhöhtes Selbstbild Deutschlands entgegenzuhalten und das Problem nach rechts, abseits von ‚uns' und ‚unserer' Geschichte und Gesellschaft zu verlagern, bemühe ich in diesem Buch eine andere Perspektive. Mich interessiert, in welchem historischen und sozialen Kontext sich das Gesagte und Sagbare der AfD über ‚den Islam' sowie Musliminnen und Muslime bewegt. Es geht mir in anderen Worten darum, zu untersuchen, inwiefern das Islambild der AfD sehr wohl etwas mit ‚Deutschland' zu tun hat. Ziel der Arbeit ist es, rechtspopulistische Islamdebatten im (post-)kolonialen Kontext[2]

---

[2] Postkoloniale Studien widmen sich historisch tradierten Diskursen und Praktiken, die mit dem europäischen Kolonialismus zusammenhängen. Das in dieser Zeit produzierte Wissen überdauert das formale Ende des kolonialen Regimes, indem sich Diskurse (in veränderter Form) reproduzieren. (Post-)Koloniale Erzählungen bestimmen die Art und Weise, wie sich Fremd- und

zu analysieren, indem Argumentationsfiguren und -strategien der AfD in den Zusammenhang historisch tradierter deutscher Islam- und Orientdiskurse gesetzt werden. Dazu eignen sich im Besonderen die *Verhandlungen des Deutschen Kolonialkongresses* 1905 und 1910 im Berliner Reichstag (VDK 1905, 1910), weil schon zu dieser Zeit das Gefahrenszenario einer ‚Islamisierung' bemüht wird, um rassistische Diskriminierung zu rechtfertigen und eigene Privilegien zu sichern.

Die in den Verhandlungen formulierte ‚Gefahr der Islamisierung' deutscher Kolonien und die Debatten über die Beobachtung, Kontrolle und Unterwerfung durch ‚unsere christlich-europäische Kultur' bieten zahlreiche Anknüpfungspunkte, um insbesondere Kontinuitäten deutscher Islamdiskurse zu diskutieren. Die Arbeit geht im Speziellen der Frage nach diskursiven Bezügen im rechtspopulistischen Islam- und Migrationsdiskurs der AfD zu den Verhandlungen des Deutschen Kolonialismus nach. Im Zentrum des Buches steht die Aufgabe, die Verwobenheit des rechtspopulistischen Islambildes mit historisch tradierten und gesellschaftlich verbreitetem Wissen über Musliminnen und Muslime herauszuarbeiten, um Islamdiskurse der AfD in eine Traditionslinie hegemonialer, deutscher Islamdebatten zu setzen und verschiedene Ausdrucksformen des antimuslimischen Rassismus an der Schnittstelle zum europäischen Orientalismus (Said 1978) zu ergründen. Dadurch wird nicht nur deutlich, wie rechtspopulistische und alltagsrassistische Argumentationen miteinander verknüpft sind, sondern auch, welch entscheidende Rolle dem antimuslimischen Rassismus durch den Rückgriff auf ‚Kultur' und ‚Religion' in der Verteidigung rassistischer Gesellschaftsverhältnisse zukommt.

Selbstbilder im Verhältnis zueinander ausdrücken, um Privilegien für ‚uns' zu sichern, während *Andere* ausgeschossen werden. Als Gründungsdokument der Postkolonialen Studien zählt Edward W. Saids *Orientalism* (1978), aber auch Frantz Fanon (1952), Aimé Césaire (1950), Gayatri Chakravorty Spivak (1988) und Homi Bhaba (1994) gehören zu den einflußreichsten Denkern der postkolonialen Kritik.

Deutscher Kolonialkongreß 1905: Plenarsitzung im Berliner Reichstagsgebäude – Spezialaufnahme für die *Woche*

Stichwort: Deutsche Kolonialkongresse

Im ausgehenden 19. Jahrhundert reicht das Deutsche Kolonialreich über weite Teile des afrikanischen Kontinents. Im Zuge der sogenannten *Berliner Afrika Konferenz* 1884/85 sichert sich das Deutsche Reich die Gebiete Kamerun, Togo, ‚Deutsch-Südwestafrika' (das heutige Namibia) und ‚Deutsch-Ostafrika' (Tansania, Ruanda und Burundi) zu. Auf regelmäßigen Kolonialkongressen, die im Berliner Reichstagsgebäude stattfinden, werden die Grundlagen für die systematische Beherrschung und effektive Ausbeutung der Kolonien diskutiert. 1902 sitzen alle deutschen Kolonialgesellschaften und -vereine erstmals am gemeinsamen Tisch. Zu den Veranstaltern gehören zum Beispiel Kolonialvereine, wie die *Deutsche Kolonialgesellschaft* und der *Afrika-Verein deutscher Katholiken*, aber auch verschiedene Missionseinrichtungen wie die *Evangelische Missionsgesellschaft* und die *Rheinische Missionsgesellschaft*. Staatliche Museen und Institute wie die *Museen für Völkerkunde* Berlin, Leipzig und Lübeck oder das *Seminar für*

Orientalische Sprachen gehören genauso dazu, wie Vertreter aus der Wirtschaft. Darunter sind der *Verband deutscher Schokolade-Fabrikanten* aus Dresden, der *Verein Westafrikanischer Kaufleute* aus Hamburg und diverse Handelskammern aus ganz Deutschland. Geschlossen fordern sie ein größeres koloniales Engagement der Reichsregierung und ergreifen das Wort, um ihr jeweiliges Interesse, ob wirtschaftlich, religiös oder wissenschaftlich, durchzusetzen. Zu diesem Zweck werden Sektionen gebildet:

I. Sektion für Geographie, Ethnologie und Naturkunde der Kolonien und überseeischen Interessengebiete
II. Sektion für Tropenmedizin und Tropenhygiene
III. Sektion für die rechtlichen und politischen Verhältnisse der Kolonien und überseeischen Interessengebiete
IV. Sektion für die religiösen und kulturellen Verhältnisse der Kolonien und überseeischen Interessengebiete
V. Sektion für die wirtschaftlichen Verhältnisse der Kolonien und überseeischen Interessengebiete
VI. Sektion für die Übersiedelung in deutsche Kolonien und die Auswanderung in fremde Länder
VII. Sektion für die weltwirtschaftlichen Beziehungen zwischen Deutschland und seinen Kolonien und überseeischen Interessengebieten

Die Geschäftsstelle des Kongresses befindet sich im Bureau der *Deutschen Kolonialgesellschaft*. Über die Vorbereitungen des Kongresses berichten die *Deutsche Kolonialzeitung*, die *Mitteilungen der Deutschen Kolonialgesellschaft* und die Organe der an den Kongressen teilnehmenden Vereine und Institute.
Interessierte, die im Rahmen der Kongresse einen Vortrag halten wollen, müssen den Gegenstand ihrer Rede mit Vorlaufzeit einiger Monate dem Vorsitzenden des Vortragsausschusses, den Obmännern der Sektionen oder auch dem Bureau der *Deutschen Kolonialgesellschaft* zur Weitergabe an den zuständigen Vorsitzenden oder die Obmänner mitteilen. Die Dauer der einzelnen Vorträge wird auf zwanzig Minuten begrenzt. Im Anschluß werden Reden

zur Diskussion gestellt. Die Sprechzeit der Diskussionsteilnehmer liegt bei je fünf Minuten. Vortragende haben das Recht, Resolutionen einzubringen. Ansonsten können auch Sektionen Vorschläge an den Kolonialkongreß zur Beschlußfassung durch das Plenum einbringen oder auch selbstständig Beschlüsse fassen. Die jeweiligen *Verhandlungen des Deutschen Kolonialkongresses* dauern im Schnitt drei Tage. Das dichte Programm wird mit Darbietungen und Ausstellungen, wie zum Beispiel zur Tropenmedizin oder Kolonialgütern, und einem gemeinsamen Essen im Zoologischen Garten abgerundet.

Am Ersten Kolonialkongreß 1902 nehmen 1346 Mitglieder teil. Die Zahl wächst beim Zweiten Kolonialkongreß 1905 auf mittlerweile 2015 Mitglieder und sinkt beim Dritten Kolonialkongreß wieder auf 1732. Die Vorträge werden auf Basis der eingereichten Manuskripte in Protokollen zusammengetragen. Auch anschließende Diskussionen werden mit Stenogrammen oder gesammelten Niederschriften wiedergegeben.

Die Debatten der Verhandlungen kreisen um rechtliche, wirtschaftliche und politische Bedingungen der Herrschaft in deutschen Kolonien. Vertreter aus Politik, Wirtschaft, Wissenschaft und Mission nutzen die Plattform, um jeweils eigene Interessen zu vertreten und Einfluß auf die deutsche Kolonialpolitik zu nehmen. Die Kongreßteilnehmer debattieren über Gesundheit in den Kolonien, die Regulierung der Ein- und Auswanderung weißer und schwarzer Menschen, streiten über die ‚Erziehung‘ und ‚Zivilisierung‘ der kolonialen Untertanen. Sie diskutieren über die wirtschaftliche Erschließung, über Religion und Kultur sowie deren Rolle im Kolonialprojekt. Ein Thema zerrt am Nerv der Kolonialkongresse von 1905 und 1910: ‚die Gefahr einer Islamisierung deutscher Kolonien'. Missionsvertreter warnen vor der Expansion des Islams in deutschen Kolonien und fordern Konsequenzen. Die ‚Islamfrage' löst im Zweiten und Dritten Kolonialkongreß kontroverse Debatten über den Umgang mit dem Islam und Musliminnen sowie Muslime in deutschen Kolonien in Afrika aus.

Theoretische und methodische Überlegungen werden der Arbeit im ersten Abschnitt vorangestellt und führen in die zu diskutierende Forschungsfrage ein. Nachdem aktuelle Forschungen zur AfD und zum Rechtspopulismus kurz skizziert werden, wird die Rolle rassismuskritischer Perspektiven am Beispiel der Theorie des antimuslimischen Rassismus (Attia 2009a) an der Schnittstelle zur Said'schen Orientalismus-Kritik (1978) und Michel Foucaults Diskursbegriff reflektiert. Im Hauptteil der Forschungsarbeit wird eine breite Palette rechtspopulistischer Argumentationsstrategien im Kontext der *Verhandlungen der Deutschen Kolonialkongresse* 1905 und 1910 diskutiert. Erstens werden intersektionale Verstrikkungen von Religion, Kultur und Geschlecht im Diskurs der ‚Islamisierung' herausgearbeitet, um Un-/Ordnungen (kulturell, religiös, sexuell und sicherheitspolitisch) in ihren Verflechtungen, Figuren und Funktionsweisen nachzuzeichnen. Zweitens werden Überschneidungen und instrumentelle Dreiecksbeziehungen zwischen ‚uns', ‚den Muslimen' und anderen *Anderen* herausgearbeitet. Drittens wird die Strategie des Teilens und Herrschens kritisch beleuchtet, die Musliminnen und Muslime in ‚gute' und ‚böse' trennt, um die Einen gegen die Anderen auszuspielen. Im Anschluß wird dargestellt, wie, viertens, demographische Bedrohungsszenarien den Höhepunkt des Islamisierungsdiskurses bilden. In ihm vermengen sich verschiedene Dominanzstrategien und offenbaren eine konsequente Rassifizierungslogik. Das letzte Kapitel bündelt die vorliegende Untersuchung in der Kritik einer projektiven Figur des Muslims, die nicht nur muslimische Differenz erzeugt und auf muslimisch gelesene Körper projiziert, um ihre Diskriminierung zu legitimieren, sondern auch ohne die tatsächliche Präsenz von Musliminnen und Muslime bzw. als solche zu markierende Körper funktioniert. Die Figur des Muslims ist als diskursives Bindeglied zu verstehen, das kulturelle, religiöse, sexuelle und politische Unordnungen verknüpft und Dominanzprojekte zur Durchsetzung hegemonialer Ordnungen rechtfertigt. In diesem Kontext ordne ich den antimuslimischen Rassismus als einen *antimuslimischen Rassismus ohne Musliminnen und Muslime* im doppelten Sinne ein. Schließlich endet die Forschungsarbeit mit einer kritischen Einordnung der Ergebnisse für weiterführende Studien zum antimuslimischen Rassismus. Anlässlich der sich im Zuge der Untersuchung andeutenden Überlappungen werden in einem Exkurskapitel Beziehungen und Wechselwirkungen zwischen antimuslimischem Rassismus und Antisemitismus fokussiert.

2. Theoretische und methodische Überlegungen

Im Folgenden dienen theoretische und methodische Überlegungen dazu, an die zu diskutierende Fragestellung und das zu untersuchende Forschungsmaterial heranzuführen. Nach einem kurzen Abriß bisheriger Analysen zum Rechtspopulismus, der AfD und dem antimuslimischen Rassismus wird die Relevanz der Said'schen Orientalismus-Kritik für die Analyse gegenwärtiger Islamdiskurse herausgearbeitet. Im Anschluß wird Foucaults Diskursbegriff näher erläutert und für die vorliegende Forschungsarbeit methodisch reflektiert.

2.1 Forschungsstand zu AfD, Rechtspopulismus und antimuslimischem Rassismus

Seit der Gründung der AfD und ihren bundesweiten Wahlsiegen steigt das wissenschaftliche Interesse an der rechtspopulistischen Partei. Forscher(innen) interessieren sich für die sozialen, ökonomischen und politischen Zusammenhänge, die den Erfolg der Rechtspopulist(inn)en bedingen. Sie nähern sich einer mehrdimensionalen Bestandsaufnahme der Partei, zeichnen die Entwicklung der AfD nach und beleuchten Schlüsselfiguren und Weltanschauungen der Parteiführung. Prominent ist die Sicht, die Partei habe eine bisher unausgeschöpfte Lücke im deutschen Parteienspektrum geschlossen. Diese füllten die Rechtspopulist(inn)en nun für die Abbildung rechter Wahlmöglichkeiten erfolgreich und bewegten die Partei insgesamt weiter nach rechts (Bebnowski 2015,1; Becher 2013, 69; Friedrich 2015, 39ff.; Häusler/ Roeser 2014, 5f.)

Der Begriff des Populismus bildet den wesentlichen Ausgangspunkt verschiedener Studien, die ihn entweder als politischen Stil (Taguieff 2002) oder als Ideologie im engeren Sinne klassifizieren (Priester 2016; Rensmann 2006). Studienübergreifend wird dem Rechtspopulismus ein polarisierender Dualismus zwischen ‚(wahrem) Volk' und ‚(korrupten) Eliten' zugewiesen. Er verteidige neoliberale und nationalkonservative Werte, beziehe sich selektiv auf (direkte) Demokratie, ‚unsere' Freiheitsrechte und eine Ordnung, die gegen externe Gefahren schützen soll. Der Rechtspopulismus beanspruche, die ‚Stimme des Volkes' zu vertreten (Attia 2017, 11ff.; Bebnowski 2015, 13; Friedrich 2015, 82; Häusler 2014, 67ff; Häusler/Roeser 2015, 13ff.; Virchow 2016, 19).

Alexander Häusler (2014, 36, H.i.O.) führt den Rechtspopulismus unter dem Sammelbegriff der „*Rechtsaußenparteien*" zusammen. Der Rechtspopulismus des 21. Jahrhunderts sei von einer „neurechte[n] Identitätssetzung" (ebd., 65) gekennzeichnet. Die Grenzen zwischen rechtsextremen, rechtskonservativen und rechtspopulistischen Gesellschaftsmodellen würden zunehmend verschwimmen. Der Begriff der „extremen Rechten" bildet die „Bündelung autoritärer, nationalistischer und rassistischer Gesellschaftsvorstellungen" ab, so Häusler (ebd., 62). Er umfasse „das gesamte politische Rechtsaußenspektrum von der Grauzone zwischen rechtskonservativen und rechtsextremen Zirkeln bis hin zu offen neonazistischen Szenen" (ebd., 63). Darunter fielen etwa völkisch-nationalistische, rassistische und antisemitische Ausprägungen, autoritäre Politikmodelle, die Diskriminierung von Minderheiten sowie die Ethnisierung sozialer und ökonomischer Konfliktlagen. Im Unterschied zur traditionellen extremen Rechten griffen „rechtspopulistisch modernisierte Rechte" selektiv auf ‚linke Werte' (darunter etwa Freiheits- und Menschenrechte) zurück und treten nicht offen demokratiefeindlich auf, inszenierten sich dagegen als „'wahre Demokraten' und ‚Anwälte' der angestammten Bevölkerungsteile" (Häusler/Roeser 2015, 24) gegen die ‚wahre Bedrohung' durch Zugewanderte.

David Bebnowski (2015, 15) zählt die „kulturelle Abwertung" *Anderer* zum Wesensmerkmal des Rechtspopulismus. Den Erfolg führt er auf den „populistischen Zeitgeist" (ebd., 33) zurück und verweist etwa auf weite Bürger(innen)proteste, Thilo Sarrazins Schriften und die Komplizenschaft anderer Politiker(innen), die das Prinzip der Leistungsgesellschaft vehement verteidigten. Bebnowski stellt fest, „dass rechtspopulistische Argumente längst vor der AfD im Diskursmainstream ankamen" (ebd., 35). Unklar bleibt, was diesen „unterschwellige[n] Rechtspopulismus" (ebd., 35) in der Gesellschaft auszeichnet. Ausdrücklich bezieht sich der Autor auf eine Studienreihe zur „gruppenbezogenen Menschenfeindlichkeit" namens *Deutsche Zustände* (Klein/Heitmeyer 2012). Er spricht von „'geschlossen rechtsextremen Weltbildern' auch in der Mitte der Bevölkerung" (Bebnowski 2015, 1). Interessanterweise taucht der Rassismusbegriff in Bebnowskis Studie nicht auf. Er stuft das Problem als rechtes Phänomen ein. Ähnlich argumentiert die von der *Rosa-Luxemburg Stiftung* in Auftrag gegebene Studie *Rechtspopulismus und Rassismus im Kontext der Fluchtbewegung* (Held/Hackl/Bröse 2017). Insgesamt bestätige die Erhebung den von der Leipziger ‚Mitte'-Studie und den *Deutschen Zuständen* konstatierten Befund eines „'Extremismus der Mitte'" (ebd., 5). Für Jugendliche seien rechtspopulistische Orientierungsangebote „höchst attraktiv", die Befragten wiesen in ihren Einstellungen „zum Teil starke rechte Tendenzen" auf (ebd., 6). Einige Studien, wie Held/Hackl/Bröse (2017), Virchow (2016) oder Virchow/Langebach/Häusler (2016), berücksichtigen den (antimuslimischen) Rassismus, listen ihn jedoch neben Ausweich-Begriffen wie Fremdenfeindlichkeit, Ausländerfeindlichkeit oder Xenophobie auf. Andere, wie Friedrich (2015ff.), erwähnen ihn nur nebenher, ohne ihn zu definieren oder seine Rolle innerhalb der Partei herauszuarbeiten. Mitunter bleibt eine klare Abgrenzung und Begriffsbestimmung des Rassismus sowie die kritische Einordnung seiner Funktionsweisen im rechtspopulistischen Milieu und seiner gesellschaftlichen Anschlußfähigkeit aus.

Fabian Virchow (2016, 9) zählt „eine scharfe Abgrenzung gegen soziale Minderheiten und den Islam in Gestalt eines antimuslimischen Rassismus" zu den wesentlichen Charakteristika rechtspopulistischer Akteurinnen und Akteure. Auch Häusler (2014) weist dem antimuslimischen Rassismus eine Schlüsselfunktion in der extremen Rechten zu. Er sei identitätsstiftend und als „Legitimationsinstrument zur Abwehr sozialer Teilhabemöglichkeiten von als Muslim_innen Markierten zu deuten" (ebd., 64f.). Er ethnisiere Religion, schreibe Musliminnen und Muslime unveränderliche Wesensmerkmale zu, propagiere die Unvereinbarkeit der ‚Kulturen' und beschwöre demographische Bedrohungsszenarien herauf (ebd., 65). Mit der Gefahr der ‚Islamisierung Europas' könne der antimuslimische Rassismus der extremen Rechten direkt an den politischen Mainstream anschließen (ebd., 84). Insgesamt fokussiere der Rechtspopulismus auf kulturelle und religiöse Feindbilder (Häusler/Roeser 2015, 25).

Iman Attia (2017, 15) stellt deshalb die Besonderheit des antimuslimischen Rassismus rechter Argumentationen in Frage. Am Beispiel der deutschen Leitkultur-Debatte arbeitet sie heraus, wie die Grenzen zwischen rechtspopulistischen, rechtsextremen und alltagsrassistischen Argumentationen zunehmend verwischen (ebd., 13f.). Folgerichtig widmet sie sich dem gesellschaftlichen Resonanzboden des antimuslimischen Rassismus, statt ihn nur als Gefahr im politischen Rechtsaußenspektrum zu verorten. Das rechtspopulistische Islambild sei vielfach verwoben mit gesellschaftlich verbreitetem ‚Wissen' über Islam und muslimisch markierte Menschen. Der antimuslimische Rassismus, trotz seiner spezifischen Ausprägungsformen, ist damit kein Phänomen des rechten Randes, schon gar kein Alleinstellungsmerkmal der extremen Rechten, „sondern befindet sich in ‚bester Gesellschaft'" (Attia/Shooman/Häusler 2014, 8).

Wie Birgit Rommelspacher (2009, 29) in ihrem Aufsatz *Was ist eigentlich Rassismus?* erläutert, ist der Rechtsextremismus zwar ohne Rassismus nicht denkbar, wohl aber gäbe es den Rassismus ohne den Rechtsextremismus. Den Rechtsextremismus deutet sie als politisches Einstellungsmuster, „das auf die politische Verfasstheit der Gesellschaft abzielt", auf einer „biologistischen Theorie ‚natürlicher' Hierarchien" basiert, „diese verschärfen und in einem anhaltenden Kampf den ‚Besten' zur Herrschaft verhelfen" will (ebd.). Dagegen definiert sie den Rassismus als „kulturelles Phänomen" und *gesellschaftliches Verhältnis*" (ebd., H.i.O.). In anderen Worten „können wir Rassismus also definieren als ein System von Diskursen und Praxen, die historisch entwickelte und aktuelle Machtverhältnisse legitimieren und reproduzieren" (ebd., 29). Im Speziellen baut Rassismus auf Theorien der Ungleichwertigkeit entlang von ‚Rasse'[3], Hautfarbe, Kultur, Religion und/ oder Herkunft auf, in denen Menschen in homogene Gruppen zusammengefaßt werden (‚alle sind gleich'). Diese Gruppen werden als miteinander unvereinbar gegenübergestellt und hierarchisiert (‚anders und weniger wert als wir'). Im Zuge der Gruppenkonstruktionen werden tatsächliche oder angenommene soziale, religiöse und kulturelle Unterschiede naturalisiert (‚es ist ihnen angeboren'). Rommelspacher zufolge sind Subjekte „in rassistische Diskurse verstrickt" (ebd., 33), selbst dann, wenn sie dies ihrem aufgeklärten Selbst- und Gesellschaftsbild zufolge nicht erwarten. Im Unterschied zum Rechtsextremismus muß der Rassismus weder offen verteidigt noch beabsichtigt sein. Er geht über das Vorurteil hinaus und manifestiert sich in der Kombination mit Macht. Er bestimmt den Zugang zu gesellschaftlichen, politischen und ökonomischen Ressourcen, reguliert Zugehörigkeiten und begründet Ungleichheiten mit der (gemachten) Andersheit der *Anderen*. Am Beispiel des antimuslimischen Rassismus könne, so Rommelspacher, „die Entstehung von Rassismus gewissermaßen im statu nascendi" beobachtet werden (ebd., 28).

---

[3] Der Rassebegriff wird in dieser Arbeit nicht als biologische Kategorie, sondern als soziale Konstruktion und analytisches Konzept für eine Rassismuskritik verwendet und deshalb in einfache Anführungszeichen gesetzt. In diesem Sinne wird auch von Rassifizierungsprozessen gesprochen, also der Konstruktion von ‚Rassen' bzw. der Gruppierung von Menschen – zum Zweck oder mit dem Effekt der Ungleichbehandlung – entlang essentialisierter, homogenisierter und naturalisierter Merkmale wie Hautfarbe, Herkunft, Religion und Kultur. ‚Rassen' gibt es demnach nicht, sie sind Produkte des Rassismus, dessen Dimensionen und Effekte soziale Machtverhältnisse bestimmen (Attia/ Keskinkılıç 2017).

Andere Wissenschaftler(innen) gehen indes davon aus, daß es sich bei dem antimuslimischen Rassismus keinesfalls um ein neues Phänomen handelt. François Soyer (2018) etwa geht Prozessen der Rassifizierung von Musliminnen und Muslimen an der Schnittstelle von ‚Rasse', Religion und Kultur auf der iberischen Halbinsel der Frühen Neuzeit im Zuge der sogenannten *Reconquista* nach. Er zeichnet ein Bündel von Maßnahmen nach, die Musliminnen und Muslime bzw. ‚Moriscos'[4] als innere Feinde stigmatisieren und zur Zielscheibe von Assimilationsmaßnahmen, staatlicher Beobachtung, Disziplinierung und Vertreibung machen.[5]

Junaid Rana (2018) untersucht die Überlappung von ‚Rasse' und Religion sowie der Kategorien ‚schwarz' und ‚braun' mit ‚Islam' und ‚Muslim(in)' im Kontext amerikanischer Kolonien und der Gründung der USA. Er beleuchtet, wie die Rassifizierung des Islams in der ‚Alten Welt' auf indigene Bevölkerungen in der ‚Neuen Welt' übertragen wird, als „die Indigenen Amerikaner*innen durch muslimische Stereotype fassbar gemacht" und „[d]urch den Kontakt zu den Spanier*innen […] als ‚Muslim*innen' konfiguriert" werden (ebd., 157). Zum anderen beschreibt er, wie schwarze muslimische ‚Afrikaner(innen)', die als Versklavte nach Nordamerika verschleppt wurden, phänotypisch, religiös und kulturell (gleichzeitig) rassifiziert werden (ebd., 159f.) und betont, welche Bedeutung der Islam für das Schwarze Amerika bekam.

Iman Attia (2009a, 2018) untersucht den antimuslimischen Rassismus ausdrücklich an der Schnittstelle zum historischen Orientalismus und unterstreicht die Relevanz postkolonialer Perspektiven für die Analyse historisch tradierter Orient- und Islamdiskurse und ihrer Kontinuitäten in aktuellen Islamdebatten. Auch komparative Perspektiven, die unter anderem Yasemin Shooman (2008;

---

4   Das sind ehemalige Musliminnen und Muslime, die zur Konversion zum Christentum gezwungen werden und ihre Nachfahren.
5   Für eine ausführliche Diskussion und Einordnung siehe *1492 und die limpieza de sangre* im Exkurs-Kapitel *Antimuslimischer Rassismus und Antisemitismus – Kontroversen und Beziehungen*.

2014a; 2015a) in ihren Studien zu antimuslimischen Narrativen im Vergleich zu antisemitischen bemüht, zählen zu einer Bandbreite diverser Zugänge, welche Diskurse und Praktiken problematisieren, die Menschen entlang von Kultur und Religion als Musliminnen und Muslime markieren, in eine homogene Gruppe subsumieren, dieser (negative) essentialistische Merkmale zuschreiben und ihre Ungleichbehandlung legitimieren.

2.2 Orient- und Islamdiskurse: Postkoloniale Perspektiven

Vierzig Jahre nach der Veröffentlichung von *Orientalism* (1978 [1995]) hat Edward W. Saids Werk nicht an Aktualität eingebüßt. Die Kritik des Orientalismus zählt bis heute zu den Pfeilern postkolonialer Theorie und hat Studien zum antimuslimischen Rassismus (Attia 2009a) entscheidend geprägt. Said (1978 [1995], 3) versteht unter Orientalismus „a Western style for dominating, restructuring, and having authority over the Orient". Er demaskiert jene koloniale Wissensproduktion über den ‚Orient', die Herrschaft untermauert, und spricht in diesem Zusammenhang von einer „Orientalisierung" des ‚Orients' (ebd., 5). Der ‚Orient' werde zur Projektionsfläche ‚okzidentaler' (Gewalt-)Fantasien, Sehnsüchte, Ängste und Gelüste. In seinem negativen Spiegelbild bestätige sich das Selbstbild eines überlegenen und zivilisierten ‚Okzidents'. Demnach sei der ‚Orient' weniger Realität als das Produkt okzidentaler Imagination. „It is Europe that articulates the Orient; this articulation is the prerogative, not of a puppet master, but of a genuine creator, whose life-giving power represents, animates, constitutes the otherwise silent and dangerous space beyond familiar boundaries." (ebd., 57) Die ontologische und epistemologische Vergegensätzlichung von ‚Orient' und ‚Okzident' geht laut Said mit der territorialen Inbesitznahme außereuropäischer Gebiete Hand in Hand. Entsprechend geht Said mit der Komplizenschaft der Orient- und Islamwissenschaft hart ins Gericht. Die Wissensproduktion über den ‚Orient' und seine Bewohner(innen) sei mit dem Expansionsprojekt ‚Europas' verzahnt. „To have such knowledge of such a thing is to dominate it, to have authority over it. And authority here means for 'us' to deny autonomy to 'it' – the Oriental country – since we know it and it exists, in a sense, *as* we know it." (ebd., 32) Erzählungen über den ‚Orient' in Reiseberichten, Literatur, Kunst, Wissenschaft und Politik nimmt Said deshalb zum Ausgangspunkt seiner Kritik. Während Großbritannien und Frankreich im Fokus seiner Untersuchung stehen, findet der deutsche Orientalismus wenig Beachtung. Said begründet dies mit den fehlenden kolonialen Territorien des Deutschen Reiches im ‚Nahen Osten'. Obgleich deutsche Orientalisten wesentlich zur Wissenschaft über den ‚Orient' beigetragen hätten, stehe der deutsche Orientalismus im Schatten seiner britischen und französischen Konkurrenz. Said geht gar soweit, wesentliche Aspekte orientalistisch-kolonialer Autorität deutscher Prägung ganz in Frage zu stellen:

> Yet at no time in German scholarship during the first two-thirds of the nineteenth century could a close partnership have developed between Orientalists and a protracted, sustained *national* interest in the Orient. There was nothing in Germany to correspond to the Anglo-French presence in India, the Levant, North Africa. Moreover, the German Orient was almost exclusively a scholarly, or at least a classical, Orient: it was made the subject of lyrics, fantasies, and even novels, but it was never actual, the way Egypt and Syria were actual for Chateaubriand, Lane, Lamartine, Burton, Disraeli, or Neval. (ebd., 19)

Said unterschätzt die vielfältigen Formen deutscher Orientalismen, die weit über eine „intellectual authority over the Orient" (ebd., 19) hinausgehen. Dies ist insofern bemerkenswert, als daß Said gerade die Konstruktion des ‚Orients' durch den Diskurs und die Institutionalisierung des Orientalismus in unterschiedlichen Feldern zum Gegenstand seiner Analyse macht. Dazu zählen auch die Diskurseffekte, die in die geopolitische, imperiale Politik hineinwirken und sie prägen. Demgemäß kommen Studien über den europäischen Orientalismus nicht umher, ein deutsches Mitwirken, politisch wie wissenschaftlich, kritisch zu berücksichtigen (Marchand 2009; Haridi 2005). So kommt Roman Loimeier (2001, 65) zu dem Schluß, daß sich im ausgehenden 19. Jahrhundert bis zum Ende des Ersten Weltkrieges durchaus ein deutscher „Kolonial-Orientalismus" entwickelt habe, etwa in muslimisch bevölkerten deutschen Kolonien in Togo, Kamerun und ‚Deutsch-Ostafrika'6 sowie in Form von Einflußzonen im Osmanischen Reich. Er widerspricht Saids Einschätzung und verweist auf einen deutschsprachigen Orientalismus, der Islam- und Kolonialpolitik kommentiert, Einfluß nimmt und von dieser Politik profitiert (ebd., 67). Während das Deutsche Reich zwar keine Ansprüche auf Gebiete im ‚Orient' beansprucht, setzte die deutsche Strategie doch auf eine indirekte Einflußnahme ohne territoriale Inbesitznahme. Die Kombination aus Interessenwahrnehmung und politischer Solidarität im Orientkurs seit 1890 faßt Malte Fuhrmann unter dem Begriff der „pénétration pacifique" (2006, 43), der friedlichen Durchdringung, zusammen. Fuhrmann weist der Ägäisregion im späten 19. und frühen 20. Jahrhundert eine zentrale Rolle zu, um „symbolisch und praktisch Herrschaft über den Orient zu erreichen" (ebd., 383). Dennoch existiert ‚Westanatolien' trotz weiterer Siedlungsaufrufe und der Errichtung deutscher Schulen lediglich als „Phantasiereich" auf der „deutschen kolonialen *mental map* […], das dazu diente, das koloniale Verlangen nach dem Orient zu entfachen und anzustacheln" (ebd., 284, H.i.O.).

Zudem wird Said scharf dafür kritisiert, die Frage nach widerständigen Praktiken Kolonisierter sowie heterogene und ambivalente Orientdiskurse zugunsten der Darstellung eines homogenen Machtverhältnisses außen vor zu lassen. Derek Bryce (2013) kritisiert etwa Saids Vernachlässigung der besonderen geopolitischen Rolle des Osmanischen Reiches, insbesondere im 19. Jahrhundert, und seiner speziellen Position in der Konstruktion eines imaginier-

---

6   Bei dem in dieser Arbeit verwendeten Begriff ‚Deutsch-Ostafrika' handelt es sich (genauso wie bei ‚Orient') um keine neutrale, geographische Bezeichnung. Im Gegenteil ist er im Kontext von Fremdherrschaft und kolonialer Macht zu verstehen. Said (1978, 54) spricht in diesem Zusammenhang von einer „imaginative geography of the 'our land – barbarian land' variety". Er betont damit, wie Sprache und Macht miteinander verwoben sind und Dominanzverhältnisse durch das tradierte Wissen gestalten und aufrechterhalten.

ten ‚Orients'. Bryce verfolgt die Spuren einer widersprüchlichen Antwort auf den Islam im ‚christlichen Abendland' und betont, wie anti-osmanische Diskurse Hand in Hand mit diplomatischer und politischer Nähe gehen. Ihm zufolge handele es sich um einen dualen Diskurs, der einerseits mit der osmanischen Anwesenheit auf europäischem Boden umzugehen versucht, andererseits die osmanische Konkurrenz niemals vollkommen als Teil ‚Europas' anerkennt. „Therefore the undeniable iteration and deployment of the discourses of binary oppositions such as Christendom vs. Islam and Civilization vs. Barbarism coexisted with more finely grained, symmetrical interaction at cultural, commercial and political levels." (ebd., 108) Diese Einschätzung teilt auch Aslı Çırakman (2002, 19). Sie zeigt nicht nur, wie etwa negative Bilder im 18. Jahrhundert als Reaktion auf die abnehmende Macht des Osmanischen Reiches einer Bevormundung weichen. Mehr noch wirft sie Said eine undifferenzierte Konzeption eines monolithisch-unilinearen ‚Orients' vor und hebt dagegen Transformationen orientalistischer Diskurse hervor.

2.3 Methodische Überlegungen: Die Ordnung der Islamdiskurse

Said profitiert wesentlich von Michel Foucaults Diskursbegriff. Er bezieht sich direkt auf die Werke *Die Archäologie des Wissens* (1969) und *Überwachen und Strafen* (1975) und knüpft unmittelbar an Foucaults kritische Analyse des Verhältnisses von Wissen und Macht, der Konstitution von Subjekten und der gesellschaftlichen Produktion von Wahrheit an. Tatsächlich zählen Foucaults Überlegungen auch fächerübergreifend zu einer zentralen Perspektive, die literarische, wissenschaftliche und kulturelle Erzeugnisse in den kritischen Blick nimmt. Insbesondere feministische und rassismuskritische Studien beziehen sich maßgeblich auf den Foucault'schen Rahmen, um binäre Oppositionen von Geschlecht und Sexualität sowie Kultur, Religion und ‚Rasse' zu dekonstruieren.

In seiner Antrittsvorlesung am *Collège de France* am 2. Dezember 1970 skizziert Foucault ein Forschungsvorhaben, das er in dem eigens für ihn eingerichteten Lehrstuhl zur *Geschichte der Denksysteme* ins Auge fassen wolle. Im besagten Vortrag *Die Ordnung des Diskurses* widmet er sich literarischen und wissenschaftlichen Institutionen wie Mechanismen, die das gesprochene und geschriebene Wort bestimmen, es einschränken und kontrollieren. In jeder Gesellschaft werde „die Produktion des Diskurses zugleich kontrolliert, selektiert, organisiert und kanalisiert", so Foucaults Hypothese (Foucault 1972 [2014], 11). Zu diesen sogenannten „Prozeduren der *Ausschließung*", die das Sagbare vom Unsagbaren trennen, zählt er erstens, das Verbot, zweitens die Trennung von Vernunft und Wahnsinn und drittens den Willen zur Wahrheit (ebd., 16).

Foucault interessiert sich also für die Bedingungen, die es ermöglichen, daß vereinzelte Äußerungen zu strukturierten und geordneten Aussagen werden, die als Wahrheit angenommen und wiederholt werden. Diskurse begreift er als „eine Menge von Aussagen, die einem gleichen Formationssystem zugehören" (Foucault 1994, 156) und damit einer Ordnung und Regelmäßigkeit unterliegen. Die beschriebenen „Ausschließungssysteme" (1972 [2014], 16) erhielten, verstärkten und erneuerten sich im Geflecht sozialer Praktiken. Der „Wille zur Wahrheit" im Speziellen werde abgesichert durch „die Art und Weise, in der das Wissen in einer Gesellschaft eingesetzt wird, in der es gewertet und sortiert, verteilt und zugewiesen wird" (ebd., 15). Mitunter liege darin die herrschaftliche Affirmationskraft seiner unhinterfragten gesellschaftlichen Akzeptanz, denn die produzierte Wahrheit verschleiere den Willen, der sie erst erschafft und kanonisiert (ebd., 17). Wahrheit und Bedeutung werden sozial hergestellt und sind damit Effekte des Diskurses und von seiner Macht durchzogen. Foucault beschreibt, wie „Formeln, Texte, ritualisierte Diskurssammlungen, die man bei bestimmten Gelegenheiten vorträgt; einmal gesagte Dinge, die man aufbewahrt, weil man in ihnen ein Geheimnis oder einen

Reichtum vermutet" (ebd., 18) Eingang in Kultursysteme erhalten und „große Erzählungen" strukturieren, „die man erzählt, wiederholt, abwandelt" (ebd., 18). In anderen Worten: „Es ist immer möglich, daß man im Raum eines wilden Außen die Wahrheit sagt; aber im Wahren ist man nur, wenn man den Regeln einer diskursiven ‚Polizei' gehorcht, die man in jedem Diskurs reaktivieren muß." (ebd., 25) Foucault führt das Erfolgsprinzip diskursiv erzeugter Sinneffekte also auf ihre kulturelle und soziale Tradierung zurück.

Wie Brigitte Kerchner (2006, 34) erklärt, bietet sich Foucaults Diskursanalyse dafür an, kritisch nachzufragen, „welche überkommenen Denk- und Wissensordnungen eigentlich die Politik der Gegenwart *strukturieren*". Sein Diskursmodell ziele darauf ab, diskursive Ordnungen auf ihre historische Genese, die Bedingungen ihrer Entstehung, ihre Funktionsweisen und Transformationen hin zu untersuchen. Sein Diskursbegriff setzt auf eine historische Dimension, um den Strukturen des Diskurses und seiner zeitlich-räumlichen Machtwirkung bis in die Gegenwart nachzugehen:

> Diese gesagten Dinge, eben in ihrer Wirklichkeit als gesagte Dinge, sind nicht, wie man mitunter allzu sehr anzunehmen geneigt ist, eine Art Windhauch, der vorübergeht, ohne Spuren zu hinterlassen, sondern in Wirklichkeit haben sie, so winzig diese Spuren auch sein mögen, Bestand, und wir leben in einer Welt, die ganz mit Diskursen, das heißt mit Aussagen durchzogen und durchwirkt ist, die wirklich ausgesprochen wurden, mit Dingen, die gesagt wurden, Behauptungen, Fragen, Diskussionen usw., die aufeinander folgten. Ebenso insofern kann man die geschichtliche Welt, in der wir leben, nicht von all den diskursiven Elementen abtrennen, die diese Welt bewohnten und noch bewohnen. (Foucault 1983 [2005], 738)

Foucault betrachtet historische Brüche und interessiert sich im Besonderen dafür, wie sich also Differenzen zwischen Diskursen konstituieren, um sowohl Analogien als auch Unterschiede zu beschreiben. Die Analyse folgt der Frage, „auf welche Weise sie [die gesagten Dinge] existieren, was es für sie heißt, manifestiert worden zu sein, Spuren hinterlassen zu haben und vielleicht für eine eventuelle Wiederverwendung zu verbleiben; was es für sie heißt, erschienen zu sein – und daß keine andere an ihrer Stelle erschienen ist" (Foucault 1994, 159). Dadurch nähert sich Foucault der Entstehungsgeschichte des Diskurses, der Ansprüche an Wahrheit im Zusammenspiel mit anderen Wissensordnungen (neu)gestaltet.

Said hält Foucaults Begriff des Diskurses insofern für sachdienlich, denn:

> without examining Orientalism as a discourse one cannot possibly understand the enormously systematic discipline by which European culture was able to manage – and even produce – the Orient politically, sociologically, military, ideologically, scientifically, and imaginatively during the post-Enlightenment period (Said 1978 [1995], 3).

Wie Foucault rückt auch Said religiöse, juristische, literarische und wissenschaftliche Texte ins Zentrum der Analyse, um dem kulturell tradierten Wissen in der Gesellschaft nachzugehen, also „in jenen Diskursen, die über ihr Ausgesprochenwerden hinaus *gesagt sind,* gesagt bleiben, und noch zu sagen sind (Foucault 1972 [2014], 18, H.i.O.). Said versteht den orientalistischen Text als überindividuellen Wissensträger, der nicht nur direkte Rückschlüsse auf den Autor bzw. die Autorin selbst zuläßt, sondern in seinen Beziehungen zu anderen Texten, ihren Gruppierungen, ihrer Verbreitung und kulturellen Tradierung verstanden werden müsse. Er interessiert sich für Redefiguren, Narrative und Bildmotive, die den ‚Orient' in der Schrift durchziehen und erschaffen (Said 1978 [1995], 20f.). Gerade weil Orientalistinnen und Orientalisten den ‚Orient' vorwiegend durch Bücher und Manuskripte sehen, spricht Said von einem „Textuniversum" („textual universe") (ebd., 52) oder auch einer „textlichen Einstellung" („*textual attitude*") (ebd., 92) im europäischen Orientalismus. Die tradierte Verschriftlichung wird zum Machtinstrument des Orientalismus, denn „such texts can *create* not only knowledge but also the very reality they appear to describe" (ebd., 94). Said faßt seine methodische Herangehensweise in zwei Begriffen zusammen. Zum einen öffne die „strategische Ortung" (*„strategic location"*) den Blick auf die Position des Autors bzw. der Autorin selbst zum ‚Orient', über den er bzw. sie schreibt, inmitten des Textes (ebd., 20). Zum anderen berücksichtige die „strategische Schichtung" (*„strategic formation"*) die Beziehungen zwischen unterschiedlichen Texten in ihrer Verbreitung und kulturellen Tradierung (ebd.).

Saids Forschungsperspektive wird von einem wichtigen Grundsatz getragen: Die Kritik des Orientalismus betrachte „*not* the correctness of the representation nor its fidelity to some great original" (ebd., 21). Auch wenn Kritiker(innen) wie Mendel/Uhlig (2018) bis heute irrtümlich einwenden, der Autor von *Orientalism* würde das negative Orientbild mit einem positiven abwehren wollen, um ‚den Orient' gegen jedwede Kritik zu immunisieren, geht es Said stattdessen um die Kritik einer Macht, die ‚die Wahrheit des Orients' produziert, um ihn zu unterwerfen. Letztendlich gründeten „kultureller Diskurs und Austausch" („cultural discourse and exchange") ohnehin nicht auf „Wahrheit" („truth"), sondern auf Darstellungen („representations"), wie Said zu Bedenken gibt (1978 [1995], 21). Diese werden in der Kritik des Orientalismus in den Blick genommen, indem auf „style, figures of speech, setting, narrative devices, historical and social circumstances" (ebd.) geachtet wird. Said bringt das Vorhaben folgendermaßen auf den Punkt: „But the phenomenon of Orientalism as I study it here deals principally, not with a correspondence between Orientalism and Orient, but with the internal consistency of Orientalism and its ideas about the Orient (the East as career) despite or beyond any correspondence, or lack thereof, with a 'real' Orient" (ebd., 5). Deshalb gilt: "that Orientalism makes sense at all depends more on the West than on the Orient" (ebd., 22).

Daran knüpfe ich in diesem Buch an. Das Phänomen, wie ich es in Anlehnung an Said untersuche, betrifft nicht die Entsprechung des deutschen Islamdiskurses mit ‚dem Islam‘, sondern die innere Logik des hiesigen Islamdiskurses und seiner Vorstellungen über ‚muslimisches Leben‘, und das ungeachtet vermeintlicher Entsprechungen mit ‚dem wahren Islam‘. Der antimuslimische Rassismus ist, wie der Orientalismus, eine Karriere und Leidenschaft, die sich nicht für die Wahrheit der *Anderen* interessiert, sondern jene Wahrheit produziert, die es ermöglicht, ihre Kontrolle und Ausgrenzung, ihre Diskriminierung und Benachteiligung zu legitimieren. Er dreht sich in anderen Worten um sich selbst. Er leitet seine *raison d'être* aus sich selbst heraus ab. Folglich erklärt nicht der Blick auf ‚muslimisches Leben‘ den antimuslimischen Rassismus, sondern es benötigt die Kritik eines dynamischen Machtverhältnisses, das sich in Kontinuität zum historischen Orientalismus artikuliert. Deshalb lohnt es, zurückzublicken und Vorläufer gegenwärtiger Islamdebatten zu untersuchen. Den Ausgangspunkt meines historischen Rückblickes bilden Texte, im Speziellen die Protokolle der *Verhandlungen des Deutschen Kolonialkongresses* 1905 und 1910 im Berliner Reichstag (siehe *Einleitung* zur historischen Einordung der Kongresse). Dieser Zweite und jener Dritte Kolonialkongreß widmen sich im Besonderen ‚der Islamisierung deutscher Kolonien‘. Der Umgang mit Islam und Musliminnen und Muslim beschäftigt vor allen Dingen Missionare, die um die Ausbreitung des Christentums bangen und die Stärkung der ‚christlich-europäischen Kultur‘ fordern (VDK 1905). Fünf Jahre später nehmen Diskutanten anti-koloniale Proteste in ‚Deutsch-Ostafrika‘ zum Ausgangspunkt ihrer Debatte (VDK 1910). Auch die religiöse und kulturelle Präsenz von Musliminnen und Muslimen im öffentlichen Leben und im kolonialen Administrationsapparat wird zum Drehpunkt kontroverser Debatten über Erziehung, Kultur und das Verhältnis von Religion und Kolonialpolitik.

Über hundert Jahre später erreicht die vermeintliche Gefahr der ‚Islamisierung‘ die heutige Bundesrepublik Deutschland. Flucht und Migration ‚verschaffen‘ dem ‚Feind‘ von ‚außen‘ den Weg nach ‚innen‘. Spätestens seit Gründung der *Patriotischen Euro-*

päer gegen die Islamisierung des Abendlandes (PEGIDA) zieht die Warnung vor einer ‚Gefahr der Islamisierung' durch deutsche Straßen. Demonstrierende skandieren Parolen gegen Geflüchtete, Migrierte sowie Musliminnen und Muslime. Dabei bedienen sie sich unterschiedlicher Narrative eines antimuslimischen Rassismus (Keskinkılıç 2015). Auch die AfD bezieht sich in integrations-, asyl- und migrationspolitischen Diskussionen regelmäßig auf negative Repräsentationen des Islams. Regelmäßig rekurrieren AfD-Politiker(innen) auf bestimmte Vorstellungen von Nation, Kultur, Religion sowie Geschlecht und Sexualität. Sie beziehen sich unmittelbar auf die Einwanderung von muslimischen Geflüchteten sowie die Sichtbarkeit und Präsenz von Musliminnen und Muslimen im öffentlichen Leben. Sie stellen Fragen und Forderungen zur Integration, zur ‚islamischen Kultur' und zur Migrationspolitik in Deutschland und der EU.

In dieser Forschungsarbeit widme ich mich einer historischen und intersektionalen[7] Kontextualisierung von Islam- und Orientdiskursen der AfD. Dazu bemühe ich einen historischen Vergleichsrahmen zu 1905 und 1910, um die gegenwärtigen Islamisierungsdiskurse rechtspopulistischer Akteurinnen und Akteure im (post-)kolonialen Kontext einzuordnen und ihren Funktionsweisen nachzuspüren. Die übergeordnete Forschungsfrage lautet: Inwiefern lassen sich diskursive Bezüge im rechtspopulistischen Islam- und Migrationsdiskurs der AfD zu den Verhandlungen des Deutschen Kolonialismus 1905 und 1910 im Berliner Reichstag über den Umgang mit dem Islam sowie Musliminnen und Muslimen in deutschen Kolonien in Afrika identifizieren? Weitere

---

7   Mit dem Begriff der Intersektionalität führt Kimberle Crenshaw (1991) ein analytisches Konzept ein, das die Wirkmächtigkeit unterschiedlicher Diskriminierungskategorien (wie etwa ‚Rasse', Geschlecht, Sexualität und Klasse) in ihrer Verflechtung miteinander berücksichtigt. Verschiedene Studien zum Orientalismus und antimuslimischen Rassismus arbeiten die Rolle von Geschlecht und Sexualität (gemeinsam mit Kultur und Religion) für die Produktion und den Ausschluß muslimisch markierter Körper heraus (Attia 2009a, 2013; Çetin/Wolter 2012; Keskinkılıç 2017; Shooman 2014a; Yeğenoğlu 1998).

Fragestellungen sind: Welche Rolle spielen Widerstände, Handlungen und ‚Realitäten' rassifizierter Subjekte in der Beziehung zur Macht? Welche Rolle wird dem Christentum diskursiv in den kolonialpolitischen bzw. migrationspolitischen Forderungen zugewiesen und wie wird damit im Verhältnis zum Säkularismus argumentiert? Wie wird der/die Muslim(in) an der Schnittstelle zu Kultur, Religion, Geschlecht und Sexualität produziert und in kolonialpolitischen wie migrations-, asyl- und integrationspolitischen Debatten verwertet? Wie konstituiert sich das Islam- und Orientbild im Verhältnis zu Sexismus, Homophobie und Antisemitismus, bzw. wie wirken diese Diskriminierungsformen im Diskurs der ‚Islamisierung' zusammen? Wo liegen Anknüpfungspunkte des rechtspopulistischen Diskurses zu historisch tradierten Wissensbeständen über Islam wie über Musliminnen und Muslime?

Im Zuge der diskurskritischen Untersuchung werden Parteipapiere und Wahlprogramme, öffentliche Redebeiträge, Fernsehauftritte und Interviews von Vertreterinnen und Vertreter der AfD auf Narrative eines antimuslimischen Rassismus hin überprüft, in den Kontext der *Verhandlungen der Deutschen Kolonialkongresse* zur ‚Islamfrage' gesetzt und dominante Redefiguren und Verschränkungen untersucht. Im dritten Kapitel *Rechtspopulistische Argumentationsstrategien und Motive im (post-)kolonialen Kontext* untersuche ich eine Bandbreite rassistischer Diskurse und Praktiken. Zu Beginn betrachte ich die ‚Islamisierung' in historischen wie gegenwärtigen Debatten als Metapher für die ‚Unordnung' des Islams. Die kulturellen, christlich-säkularen, sexuell-geschlechtlichen und sicherheitspolitischen Unordnungen sollen mit Vorstellungen ‚unserer' Überlegenheit abgewehrt und mit ‚unserer' Ordnung korrigiert werden. Daran schließen andere Argumentationsstrategien an, etwa instrumentelle Dreiecksbeziehungen, die ‚uns', ‚die Muslime' sowie andere *Andere* auf spezifische Weise in die Logik des Rassismus einbetten und ordnen, genauso die Strategie, ‚den Muslim' in ‚gut' und ‚böse' zu unterscheiden oder ein demographisches Bedrohungsszenario heraufzubeschwören. Die unterschiedlichen Strategien kulminieren in der Figur des Muslims und einem *antimuslimischen Rassismus ohne Musliminnen und Muslime*. Im Exkurs-Kapitel wird der antimuslimische Rassismus mit dem Antisemitismus in Beziehung gesetzt, um historische und gegenwärtige Analogien zu fokussieren, die sich im Zuge der Analyse in diesem Buch an verschiedenen Stellen andeuten.

3. Rechtspopulistische Argumentationsstrategien und Motive im (post-)kolonialen Kontext: AfD, Deutsche Kolonialkongresse 1905/1910 und die Gefahr der ‚Islamisierung'

Der Islamdiskurs der AfD manifestiert sich an der Schnittstelle zu diversen sozialen und politischen Kategorien. Unter anderem können sich in Islamdebatten Religion, Kultur und Geschlecht miteinander vermengen. Diese Kategorien verknüpfen sich in eine Erzählung der Unordnungen der ‚Islamisierung', die mit ‚unserer' Ordnung abgewehrt werden sollen. Andere Überschneidungen ergeben sich in instrumentellen Dreiecksbeziehungen ‚des Muslims' zu anderen rassifizierten Gruppen. Die Strategie des Teilens und Herrschens wirkt zudem in der Trennung ‚des Muslims' in ‚gut' und ‚böse'. Den Höhepunkt findet der Diskurs der ‚Islamisierung' in demographischen Bedrohungsszenarien, in denen ‚gute' und ‚böse' Musliminnen und Muslime ungeachtet der ‚Integration(-sleistungen)', Anpassung und Loyalitätsbekundungen aus dem sozialen Gefüge heraus dekliniert wird. Die breite Palette rechtspopulistischer Argumentationsstrategien und Motive wird im Kontext der *Verhandlungen der Deutschen Kolonialkongresse* 1905 und 1910 diskutiert.

3.1 Zur intersektionalen Unordnung der ‚Islamisierung Europas': Religion, Kultur und Geschlecht

Spätestens seit der Gründung PEGIDAs und ihren regelmäßigen Montagsspaziergängen treibt der Topos der ‚Islamisierung' ‚besorgte' Bürger(innen) auf die Straßen, um gegen die Einwanderung von Geflüchteten und Musliminnen wie Muslime zu skandieren (Keskinkılıç 2015). Die AfD knüpft an das Mobilisierungspotential der Verschwörungstheorie einer ‚Überfremdung' Deutschlands und der ‚Unterwanderung' Europas an. Das Motiv bildet einen Wesenskern der rechtspopulistischen Partei, wie der Blick auf das Grundsatz- und Wahlprogramm unterstreicht.

Auch in öffentlichen Publikationen und Wahlkampfauftritten warnen AfD-Politiker(innen) regelmäßig vor einer ‚schleichenden Islamisierung' des Landes und beschwören den Verlust ‚unserer' Identität und Werteordnung. Dem Islam kommt in der rechtspopulistischen Rhetorik eine Schlüsselfunktion zu, um an ‚Sorgen' und ‚Ängste' der Mitte der Gesellschaft anzuknüpfen und ‚islamkritische' Positionen salonfähig zu machen. Die ‚Gefahr der Islamisierung' manifestiert sich in der Wechselwirkung von Religion, Kultur, Geschlecht und Sexualität. In der intersektionalen Beziehung verschiedener Ungleichheitskategorien entfaltet sie ihr diskursives Machtpotential: Kulturelle, christlich-säkulare, sexuell-geschlechtliche und sicherheitspolitische Un/Ordnungen bilden das Grundgerüst einer gesamtgesellschaftlichen Vision im Schatten der ‚islamischen Gefahr'.

3.1.1 Kulturelle Ordnungen: ‚Kulturgefahren' oder ein antimuslimischer Rassismus ohne ‚Rassen'

Die Frage, ob der Islam zu Deutschland gehört, ist aus hegemonialen Kulturdebatten aktuell nicht wegzudenken und spielt gerade für die Verteidigung ‚unserer' Privilegien zum Schutz ‚unserer' Kultur eine wesentliche Rolle (Attia 2014, 15). Daß der Islam nicht zu Deutschland gehört, ist für die AfD ein Faktum, das sich aus der Unterschiedlichkeit ‚unserer' Kultur zur ‚anderen' Kultur heraus erklärt (AfD-thl 2017, 108). ‚Unsere' Identität basiere auf den kulturellen Errungenschaften der Nation, ihrer Schriftsteller, Philosophen, Künstler und Architekten (AfD GP 2016, 46). Sie fuße auf dem Christentum, der Aufklärung und dem Rechtsstaat (ebd., 47). Während die AfD für ‚uns' positiv besetzte Eigenschaften sowie kulturelle Leistungen und Talente beansprucht, repräsentiert der Islam dagegen eine Liste von Mängeln. Er unterdrücke die Frau (AfD-thl 2017, 35, 72), befürworte Krieg, Gewalt und Tod (ebd., 36f., 46), respektiere keine Religionsfreiheit und bekämpfe den Pluralismus (ebd., 63). Das Islambild leitet maßgeblich in die Forderung nach einer deutschen ‚Leitkultur' über und knüpft an einseitige Integrationsforderungen oder gar Debatten über mangelnde Integrationswilligkeit und -fähigkeit an. Dabei unterliegt die AfD-Rhetorik einem monolithischem Kulturparadigma, das Kulturen wesenhafte Eigenschaften zuschreibt, ‚unsere' Kultur von der Kultur der *Anderen* dichotom trennt und Ungleichheiten begründet. In diesem Duktus skizziert die Kulturdebatte einen gesellschaftlichen Antagonismus: ‚Wir' und ‚unsere' Werte werden von ‚äußeren Anderen', die nun ‚innen' sind, bedroht. Denn aus dem vermeintlichen ‚Kulturunterschied' folge die Gefahr der ‚Islamisierung', „die Durchdringung von Kultur und Gesellschaft, die de facto auf eine Dominanz islamischer Religion und Kultur hinwirken" (ebd., 110). Sie führe zum Verlust deutscher Identität und Sprache. Islamische Vorstellungen sowie ‚Parallelgesellschaften' würden den öffentlichen Raum einnehmen. In ihrer Warnung vor einer Aushöhlung des deutschen Rechtsstaates und der Überfremdung ‚unserer' Gesellschaft spricht die AfD von einem „Kulturkrieg" (AfD WP 2017, 34). Es heißt: „Der in Europa bereits stattfindende Kulturkampf zwischen Abendland und dem Islam als Heilslehre und Träger von nicht integrierbaren kulturellen Traditionen und Rechtsgeboten kann nur abgewendet werden durch ein Bündel von defensiven und restriktiven Maßnahmen, die eine weitere Zerstörung der europäischen Werte des Zusammenlebens aufgeklärter Bürger verhindern." (ebd., 47)

Ähnliche militaristische und apokalyptische Sprachmotive beschwören den „grossen Kampfe zwischen Islam und Christentum um den Erdteil Afrika" (Richter 1905, 511), der die Agenda der *Verhandlungen der Deutschen Kolonialkongresse* 1905 und 1910 bestimmt. Während die AfD den Islamdiskurs für die vorgeschobene Verteidigung ‚unserer' Werte und Kultur vor den ‚Eindringlingen' ‚fremder Kulturelemente' nutzt, kommt diesem Diskurs im Falle ‚Deutsch-Ostafrikas' die Funktion einer Rechtfertigung für koloniale Expansion zu. Entsprechend warnen Missionsvertreter im Berliner Reichstag davor, „dass in dem Islam der Kulturentwicklung unserer Kolonien eine Gefahr droht" (ebd., 510). Mit der ‚Islamisierung' gingen Sklaverei und Gewalt einher (ebd., 519), die Verbreitung ‚antieuropäischer Propaganda' (Hansen 1910, 654) und Krankheiten (ebd., 655), die Expansion der arabischen Sprache und Kultur, die Benachteiligung und Verdrängung christlicher Werte wie Monogamie (ebd., 661). „Islamisierung fördert den Kulturfortschritt nicht, sie hemmt ihn, und zugleich gefährdet sie die europäische Herrschaft." (Axenfeld 1910, 634) Dabei kommt auch der Missionsvertreter Jos. Froberger (1905, 529) zu dem Schluß, „dass der Islam kein Träger sittlicher Kultur ist, sondern vielmehr dieselbe hindert, zerstört und in manchen Gegenden und manchen Fällen ein Prinzip sittlicher Fäulnis ist". Aus der ‚Sittenlosigkeit' des Islams folge eine Bedrohung für das Fortbestehen anderer Kulturen. Deshalb bleibt es nicht bei der Feststellung, der Islam sei „kein Kulturfaktor", mehr noch sei er „überall eine Kulturgefahr" (ebd., 531).

Dem Kulturargument folgend, können – im Falle der AfD – restriktive Asyl- und Migrationspolitik und die Einschränkung der Religionsfreiheit von Musliminnen und Muslimen gefordert werden. Auch im Falle ‚Deutsch-Ostafrikas' wird es dazu verwendet, die Kontrolle und Benachteiligung von Musliminnen und Muslimen im öffentlichen Leben zu legitimieren. Daran knüpft der Erziehungsauftrag wesentlich an: „Integration heißt nicht, dass Deutschland sich Muslimen anpasst. Integration heißt, dass die Muslime sich Deutschland anpassen", erklärt die AfD in ihrem Wahlprogramm (AfD WP 2017, 45). Das Motiv der ‚Leitkultur' erinnert im Besonderen an kolonialpolitische Forderungen, den Islam „mit dem Geiste europäisch-christlicher Kultur" (Froberger 1905, 527) zu bändigen bzw. ihn „mit geistigen Mitteln" zu bekämpfen (ebd., 522). Dazu gehört genauso der Bau von Kirchen in ‚Deutsch-Ostafrika' wie „den Mohammedanern selbst das Evangelium zu predigen" (ebd.). Auch Sprache dient damals und heute als wichtiges Instrument, um Normen zu etablieren und Herrschaft kulturell zu sichern. Die AfD fordert den Schutz der deutschen Sprache vor dem Einfluß bzw. der ‚Überfremdung' durch andere Sprachen. Sie plädiert dafür, Deutsch als Staatssprache im

Grundgesetz zu verankern (AfD GP 2016, 47) sowie Musliminnen und Muslime, insbesondere in Moscheen, dazu zu verpflichten, Deutsch zu sprechen (AfD-thl 2017, 119). Auch die Mission in ‚Deutsch-Ostafrika' ist bestrebt, die koloniale Unterwerfung sprachpolitisch zu festigen. Das Arabische solle in den Kolonien durch das Deutsche verdrängt, der Islamunterricht in kolonialen Regierungsschulen gestoppt werden (Froberger 1905, 524). Die ‚Leitkultur' der AfD, die gleichsam vor der ‚Kultur' der *Anderen*, ihren Bildungs- und Religionseinrichtungen warnt, den Moscheebau einzuschränken versucht (AfD-thl 2017, 71), ja die Schließung von Koranschulen fordert, wenn sie ‚unseren' kulturellen Anforderungen nicht genügen (AfD GP 2016, 55), wiederholt den Grundgedanken der 1910 verabschiedeten Kolonialresolution, „missionarische Kulturarbeiten" zu beschließen (VDK 1910, 662), um ‚unzivilisierte' *Andere* zu erziehen und ‚unserer' Ordnung zur Abwehr der ‚Islamisierung' zu unterwerfen.

Der Rückgriff auf kulturelle Differenz ist, wie Attia (2009a) darstellt, in Narrativen des antimuslimischen Rassismus beliebt, um Musliminnen und Muslime entlang ihrer genuin ‚muslimischen' Eigenschaften zu homogenisieren (‚alle sind gleich'), zu essentialisieren (‚sie sind ihrer Kultur und Religion nach einfach so') und zu naturalisieren (‚es ist ihnen angeboren bzw. unveränderbar'). Kultur dient damit als Kontrastfolie, um muslimisch Markierte von ‚uns' zu unterscheiden (ihnen wird durch die Fremdmarkierung der Anteil an ‚unserer' Kultur und Identität per se verweigert) und ihre soziale Ungleichheit zu legitimieren (‚weil sie nicht von uns sein können, bekommen sie nicht die gleichen Rechte oder gleichberechtigte Teilhabe zugesprochen'). In diesem Sinne qualifiziert sich der antimuslimische Rassismus als ein „Rassismus ohne Rassen", wie es Étienne Balibar (1990, 28) formuliert, „dessen vorherrschendes Thema nicht mehr die biologische Vererbung, sondern die Unaufhebbarkeit der kulturellen Differenz ist". Kultur trete anstelle von Biologie, folge nichtsdestotrotz derselben essentialistischen Logik und begründe den quasi natürlichen

Unterschied zu den *Anderen*. Tariq Modood (2005) hebt dagegen hervor, daß Kulturzuschreibungen auch im (biologistischen) ‚Hautfarben'-Rassismus eine Rolle spielten, wenn Kultur auf die Biologie schwarzer Menschen zurückgeführt werde. Zum anderen ersetze Kultur auch in kulturalistisch begründeten Rassismen nicht ‚Rasse', sondern verknüpfe sich mit ihr (ebd., 29). Gerade am Beispiel der Kolonialverhandlungen wird deutlich, daß der Rückgriff auf Kultur strenggenommen kein Novum darstellt, sondern durch und durch mit ‚Rasse' verflochten ist. Im Dritten Kolonialkongreß 1910 läßt der Orientalist C.H. Becker (1910, 645) keinen Zweifel daran, daß es sich in der Religions- und Kulturdebatte genauer genommen um eine ‚Rassenfrage' handelt: „Die Verschiedenheit der Religion ist der ganz naturgemässe Ausdruck der natürlichen Verschiedenheit der Rassen." Im Streit mit Missionarsvertretern faßt er den Konflikt mit dem Islam in deutschen Kolonien wie folgt zusammen: „Das Problem ist unendlich schwierig und kompliziert, namentlich, weil es sich mit dem Rassenproblem vermischt." (ebd., 671)

Diesen Zusammenhang zwischen dem biologistischen und kulturalistischen Rassismus wertet etwa Stuart Hall (2004, 205) als „‚zwei Logiken' des Rassismus". Er plädiert für einen erweiterten Rassismusbegriff, „der die Art und Weise begreift, in der biologischer Rassismus und kultureller Differentialismus sich in ihrer diskursiven Struktur artikulieren und verbinden" (ebd., 206). Es geht ihm darum, die Verschränkung von ‚Rasse', Biologie und Kultur herauszuarbeiten. In aktuellen Islamdiskursen verschwindet ‚Rasse' aus dem Sprachrepertoire und wird gleichermaßen im Deckmantel einer ‚Kulturkritik' aufrechterhalten. Rassismusvorwürfe wehrt die AfD als „Diffamierung rationaler Religionskritik" (AfD WP 2017, 34) ab. Die „Polemik" müsse durch den „intellektuellen Diskurs" (ebd.) ersetzt werden. In einer Bundestagssitzung empört sich der AfD-Politiker Bernd Baumann (2017), daß „demokratisch gewählte Kollegen als rassistisch verunglimpft" werden. Er beklagt einen zu leichtfertigen Umgang mit dem

Begriff, gerade „in Deutschland wo der Begriff Rassismus mit Millionen Toten verbunden ist" (ebd.). Baumann bemüht die von Birgit Rommelspacher (1998, 49) kritisierte Reduzierung des Rassismusbegriffes auf den Nationalsozialismus, wodurch rassistische Kontinuitäten nach dem Zweiten Weltkrieg geleugnet und unsichtbar gemacht werden. Umso eindrücklicher versteht sich nun Balibars (1990) Kritik eines „Rassismus ohne Rassen" über die Frage, „in welchem Maße eine relativ neue Sprache als Ausdruck einer *neuen* Artikulation zu begreifen ist" (ebd., 28, H.i.O.). Balibar diagnostiziert „eine Erschütterung der Abwehrmechanismen des traditionellen Antirassismus und zwar durch Umstülpung seiner eigenen Argumentation; sie wird gegen ihn selbst gewendet" (ebd., 29). In anderen Worten immunisiert sich der gegenwärtige „Rassismus ohne Rassen" gegen Rassismusvorwürfe, indem ‚Rasse', genauer genommen Biologie, als Differenzmarker verurteilt wird und stattdessen Kultur als legitime Folie an seine Stelle tritt, um Dominanzansprüche geltend zu machen. Balibar kommt deshalb der Verdienst zu, die Wirkmächtigkeit eines „Rassismus zweiter Linie" (ebd., 30) nachgezeichnet zu haben, „d.h. ein Rassismus der vorgibt, aus dem Konflikt zwischen Rassismus und Antirassismus seine Lehren gezogen zu haben, und sich selbst als eine politisch eingriffsfähige Theorie der Ursachen von gesellschaftlicher Aggressivität darstellt". Entsprechend greift auch die AfD auf das Argument der „Toleranzschwellen" und „natürlichen Distanzen" (ebd.) zurück, wonach ein zu viel an ‚fremder' Kultur die ‚eigene' Gesellschaft und ihr Wohlwollen überfordere und damit Probleme geradezu provoziert würden, weil es eine unüberbrückbare Differenz zwischen ‚uns' und den *Anderen* gäbe und die jeweiligen ‚Kulturkreise' schlicht nicht miteinander vereinbar seien. Auch das bis weit in die Mitte der Gesellschaft vorzufindende Argument, wonach die Bekämpfung einer Diskriminierung (etwa durch mögliche Förderung oder eines Nachteilsausgleichs in Beruf und Schule) eine „umgekehrte Diskriminierung" (ebd., 31) darstellen würde, wird auch von der AfD vielfach aufgegriffen, um Forderungen nach Gegenmaßnahmen als „Gegen- Diskriminierung" (ebd,) zu delegitimieren und sich selbst als Benachteiligte durch den Antirassismus zu stilisieren. Damit einher geht die Strategie, sich als Opfer der Minderheit zu imaginieren und den Kampf gegen die Einwanderung und Teilhabe der *Anderen* als Selbstverteidigung zu inszenieren. Gleiches betrifft das von Balibar kritisierte Argument, erst die Anti-Rassisten würden den Rassismus durch ihre Weltanschauung und Politik hervorbringen und provozieren (ebd., 31). Umso effizienter verlagert sich die ‚rassen'spezifische Logik in einen ‚Kampf der Kulturen'. Im antimuslimischen Rassismus werden damit Menschen in homogene Gruppen zusammengefaßt, ihnen unveränderbare Eigenschaften zugeschrieben und dadurch ihre Ausgrenzung legitimiert. Die Kultur und Religion der *Anderen* nutzt die AfD argumentativ um rassistische Leitbilder mehrheitsfähig zu machen (Attia 2017; Häusler 2014, 64). Dies gelingt dem antimuslimischen Rassismus gerade weil er mit ‚Kultur', nicht mit ‚Rasse', argumentiert.

3.1.2 Christlich-säkulare Ordnungen: Wem gehört das ‚Abendland'?

„Meine Kirche, deren Mitglied ich bin, hat zu unserem Parteitag in Köln aufgerufen zum Gebet gegen uns. Es macht mich sprachlos, was dort passiert", empört sich Beatrix von Storch (2017) auf einer Parteiveranstaltung in Jockgrim, Rheinland-Pfalz. Wie keine andere tritt die erzkonservative AfD-Politikerin als Verfechterin ‚unserer' Religion im Kampf für das ‚Abendland' auf. Anette Schultner, Dozentin und Mitglied der Freien evangelischen Gemeinde, schließt sich noch bis vor kurzem dem gemeinsamen Kampf an. Die ehemalige Bundessprecherin der *Christen in der AfD* (ChrAfD) wirbt zu dieser Zeit demonstrativ unter christlichen Gemeindemitgliedern für die AfD. Für Schultner steht es außer Frage, daß die rechtspopulistische Partei für Christinnen und Christen wählbar ist. „Im Blick auf die Landtagswahl in Baden-Württemberg zum Beispiel wird man wohl kein Programm finden, das sich derart für christliche Werte einsetzt wie das der AfD. Es bekennt sich nicht nur zu den christlichen Wurzeln unserer

Kultur und unseres Staates, sondern will auch ganz konkret unbiblische Entwicklungen wieder abschaffen." (Schultner 2016) Im Bundestagswahlkampf propagiert die Gruppe deshalb „Christen in den Bundestag!" und wirbt entschieden für die Kandidatin Beatrix von Storch (ChrAfD 2017). Die AfD-Christinnen und -Christen beschäftigt insbesondere das Verhältnis zum Islam. Sie warnen vor einem Erstarken der *anderen* Religion und befürchten eine zunehmende Diskriminierung nicht-muslimischer Andersgläubiger. Auch im AfD Grundsatz- und Wahlprogramm heißt es, der Islam beanspruche eine religiöse Vormachtstellung und verstehe sich als alleingültige Religion (AfD WP 2017, 34; AfD GP 2016, 49). Moscheen, Muezzin-Rufe und Minarette werden als Kampfansage gegen das christliche Erbe des Landes interpretiert, wodurch das Christentum in seiner Wahrheit geleugnet und relativiert werde. Der ihrer Argumentation zugrundeliegende eigene religiöse Alleingültigkeitsanspruch wird indes im Diskurs über die Gefahren des Islams unsichtbar gemacht. Der subtile Widerspruch gehört zum Projekt, die eigene Privilegierung auf Kosten anderer zu sichern, denn der Islam gehöre schlichtweg nicht zu Deutschland (AfD WP 2017, 34; AfD-thl 2017, 108). ‚Abendland', Christentum und Deutschland verschmelzen dagegen zu einer effektiven Abwehrmetapher, die den Islam zum unerwünschten Eindringling erklärt.

In der Verteidigung der christlich-europäischen Definitionshoheit überträgt die AfD jene missionarischen Bemühungen im Rahmen der Deutschen Kolonialverhandlungen 1905 und 1910, den Islam aus deutschen Kolonien in Afrika zu verdrängen, auf den europäischen Kontinent. Rechtzeitig zum Zweiten Deutschen Kolonialkongreß 1905 im Berliner Reichstag warnen Missionsvertreter vor der ‚Islamisierung' der deutschen Kolonien in Afrika und bangen um die Vormachtstellung christlicher Kirchen und Werte unter den Kolonisierten. In ihrer Argumentation bauen Diskutanten auf einer Dichotomie zwischen Christentum und Islam auf, um für die Abwehr der ‚gefährlichen' Religion zu plädieren und die Stärkung der Kirche zu fordern. Für Pastor Julius Richter ist die ‚Islamfrage' in ‚Deutsch-Ostafrika' „nur ein kleiner Ausschnitt aus jenem grossen Kampfe zwischen Islam und Christentum um den Erdteil Afrika" (ebd., 511). Das Evangelium wird als authentische und friedliche Gegenlehre des Korans verstanden (ebd., 522). Richter knüpft an den gemeinsamen Glauben im ‚Vaterland' an und faßt das Anliegen in der Formel „Für Christentum und Deutschtum!" (ebd., 527) zusammen. Der Antagonismus bildet in historischen wie aktuellen Fällen einen identitätsstiftenden Rahmen und ist Mittel zum Zweck, religiöse und politische Topoi zu einer gemeinsamen Erzählung der ‚islamischen Gefahr' zu verdichten. Der Rückgriff auf den theologischen Disput soll mit politischen Interessen zusammengeführt werden. Zu diesen zählen aktuell europäische Grenzabschottungen, konsequente Abschiebungen von Geflüchteten und die Einschränkung religiöser Rechte für Musliminnen und Muslime bzw. ihrer ‚kulturellen' Abwehr – auch in ‚Deutsch-Ostafrika'.

Der Dualismus ‚Christentum/Islam' wird des Weiteren durch die ‚charakterliche' Aufspaltung des Islams selbst ergänzt. Er wird zur schlechten, falschen Religion denunziert und als politische Ideologie ‚entlarvt', die sich hinter der Schutzbehauptung, Religion zu sein, verstecke. Zuletzt geriet der AfD-Politiker Albrecht Glaser in Kritik für seine Äußerung, der Islam könne sich nicht auf die Religionsfreiheit in Deutschland berufen, weil er keine Religionsfreiheit kenne und intolerant sei. Glaser (2017b) erklärt, „dass der Islam einem Religionsbegriff nicht unterfällt, den wir als Christen haben, weil er eine Konstruktion […] ist, die Religion, Recht und Kultur unter ein einziges Dach zusammenführt". In anderen Worten sei der Islam strenggenommen nicht das, „was wir Christen Religion nennen" (ebd.). Für die AfD ist der Islam eine „politische Religion" (AfD-thl 2017, 34). Er ist militaristisch, weil er den Djihad als bewaffneten Krieg gegen die ‚Ungläubigen' aus seinem islamischen Selbstverständnis heraus begründe, mit dem Ziel zu expandieren (ebd., 36f.). Musliminnen und Muslime werden nach dieser Logik als politische Agentinnen und Agenten eines „religiösen Imperialismus" (AfD WP 2017, 35) imaginiert, die ihr Herrschaftsprojekt hinter der Religionsfassade versteckten. Das Narrativ einer ‚Religion anderer Art' reicht zurück bis zur historischen Figur Mohammeds als falscher Prophet, Betrüger und Hochstapler, „the epitome of lechery, debauchery, sodomy" (Said 1978 [1995], 62). Der Vorwurf der Häresie, nach der der Islam das Christentum als ‚wahre' Religion kopiere (ebd., 66; Anidjar 2008, 57f.), um sich im religiösen Deckmantel zu verbreiten, betritt gleichermaßen die Bühne der Kolonialverhandlungen im Berliner Reichstag. Froberger (1905, 528) stellt im Zuge der Zweiten Kolonialverhandlung 1905 fest: „In geistiger und religiöser Beziehung wird der Islam allzu sehr überschätzt. Sein Monotheismus, seine recht sinnfällige, theatralische Betätigung sind nur ein feierliches Gewand, ein schöner Vorhang; im Innern ist es aber recht hohl." Der Islam wird, analog zur AfD-Rhetorik, stattdessen als politische Ideologie und Konstrukt gewertet, das sich hinter der Fassade der Religion verberge. Deshalb sei er „nicht nur ein todfeindlicher Gegner des Christentums, er ist auch in Afrika der unversöhnliche Feind der europäischen Kolonialpolitik", wie Rektor Hubert Hansen (1910, 654) dieses Urteil in den Dritten Kolonialverhandlungen bekräftigt. Das politische Projekt des Islams fuße auf einem weltweiten Herrschaftsanspruch (ebd., 520), der Djihad sei göttliches Gebot (ebd., 519). Insgesamt ist der Islam also nicht nur religiös, sondern auch politisch anders und gefährlich: „Politisch endlich werden die Mohammedaner stets gefährliche Elemente bleiben" (ebd., 531).

Durch die Trennung von ‚wahrer' und ‚falscher' Religion sowie die Politisierung des Islams als Ideologie wird schlußendlich der Konkurrenz-Dualismus ‚Christentum/Islam' in den Kampf um Europas säkularisierte Werte der Freiheit, Demokratie und Menschenrechte übersetzt. Zum einen zwinge die „mangelnde Trennung zwischen säkularer und sakraler Sphäre" im Islam dazu, den Moscheebau einzuschränken (AfD-thl 2017, 71). Zum anderen lehnt die AfD es ab, islamischen Organisationen den Status einer Körperschaft des öffentlichen Rechts zu verleihen (AfD WP 2017, 35). Sie fordert die Schließung von Koranschulen bis der Islam eine „echte Reformation durchlaufen hat" (AfD GP 2016, 55) und plädiert dafür, das Kopftuch-Verbot im öffentlichen Dienst auf Schülerinnen zu auszuweiten (AfD WP 2017, 35). Während der Islam politisch nicht mit dem Grundgesetz vereinbar zu sein scheint und als Religion nicht zu Deutschland gehöre, sei das Christentum umso deutlicher Teil der hiesigen Ordnung. Dies begründet die AfD damit, daß „das staatstragende Ethos in seiner Substanz christlich" (AfD-thl 2017, 67) ist. Die Werte der Verfassung definiert sie als „säkularisierte christliche Werte" (ebd., 67).

Einen historischen Prototypen findet die Erzählung einer ‚christlich-säkularen Ordnung' gegen den ‚politischen Islam' in einer kontroversen Debatte über das Verhältnis von Missions- und Kolonialpolitik im Rahmen der Dritten Kolonialverhandlung 1910. Während Missionsvertreter wie Hubert Hansen (1910) meinen, daß „nur eine christliche, d.i. von selbst eine antiislamische, Kolonialpolitik die kolonialwirtschaftlichen Interessen des Reiches auf die Dauer zu sichern imstande" sei (ebd., 654), verteidigt Bekker die Kolonial- und Islampolitik als staatliches Projekt. Auf den ersten Blick erteilt er den christlichen Interessen der Mission eine Absage, bezweifelt er doch, daß „eine gesegnete Kolonialpolitik nur im Bunde mit dem Christentum möglich sei" (ebd., 642). Dazu betont er, daß die „Tatsache der Kolonialpolitik" als solche selbst „unchristlich" sei (ebd.). Nichtsdestotrotz weiß Becker, analog zur AfD, das christliche Erbe in die staatliche Ordnung einzubetten. Europäer(innen) in den Kolonien versteht er als „Vertreter eines christlichen Staates" (ebd., 643). Die Mission bringe „europäische Bildung" (ebd., 644) nach Afrika. Die kolonialen Staatsschulen müßten zwar für die „Zuführung europäischer Bildung" (ebd., 645) religionslos gehalten werden, dennoch sei das kein Nachteil für die christliche Mission und Lehre, wie Becker bemerkt: „Für Religionsunterricht kann ausserhalb der Schule gesorgt sein; der ganze Unterricht ist ja, sofern er von Europäern erteilt wird, so durchdrungen vom Geiste des Christentums, der christlichen Sitte und Kultur, dass mir die kleine Konzession an die conditio sina qua non des Besuches der Schule durch Mohammedaner unbedenklich erscheint." (ebd., 649) Mehr noch müßten christliche Staatsschulen in „rein heidnischen Gebieten" (ebd., 650) gegründet werden, die Kolonialpolitik würde davon profitieren. Ausdrücklich verteidigt Becker die zivilisatorische Überlegenheit der ‚christlich-europäischen Kultur' und plädiert für die Überwachung und Kontrolle des Islams, bis dieser nach ‚unserem' Vorbild ‚europäisiert' ist (ebd., 649). Deshalb stimmt auch er für die vorgeschlagene Abschlußresolution zur Erforschung, Kontrolle und Abwehr des Islams.[8] Debatten um die Rolle von Religionen und Mission für die Konzeption deutscher Kolonialpolitik spalten den Kongreß nur vordergründig. Tatsächlich findet das christliche Projekt in einer prototypisch säkularen (Kolonial-)Politik die moderne Wiedergeburt: Christentum und Europa verschmelzen zu einer Entität und erheben gleichermaßen Anspruch auf gemeinsame Werte, Errungenschaften und Dominanz. Diese Elemente werden in die staatspolitische Ordnung integriert – auch ohne das Christentum offen verteidigen zu müssen.

Religion offenbart sich hier als diskursives Instrument, das sich mit politischen Paradigmen vermengt und ihre Vorherrschaft unter dem Deckmantel eines modernen Säkularismus tarnt. Talal

---

[8] „Da von der Ausbreitung des Islam der Entwickelung [sic!] unserer Kolonien ernste Gefahren drohen, rät der Kolonialkongress zu sorgsamer Beachtung und gründlichem Studium dieser Bewegung. Er hält es bei grundsätzlicher religiöser Unparteilichkeit für geboten, daß alle an der Erschließung der Kolonien Beteiligten gewissenhaft vermeiden, was zur Beförderung der Ausbreitung des Islam und zur Benachteiligung des Christentums dienen könnte, und empfiehlt missionarische Kulturarbeiten, insbesondere auf dem Gebiete des Schulwesens und der Gesundheitsfürsorge, der tatkräftigen Unterstützung, auch der Kolonialregierung. Er erkennt auch in der islamischen Gefahr eine dringliche Aufforderung an die deutsche Christenheit, die vom Islam noch nicht ergriffenen Gebiete unserer Kolonien ohne Verzug in missionarische Pflege zu nehmen." (VDK 1910, 662)

Asad (2003) weist auf diese Verschränkung religiöser und säkularer Ordnungen im politischen Projekt ‚Europas' hin. Diese bestehe insbesondere, wenn sich die Entstehungsgeschichte der europäischen Idee auf das Christentum stütze, den modernen Humanismus als Teil seines Erbes definiere und den Islam (territorial, religiös und politisch) herausdekliniert (ebd., 161ff.). Asad versteht ‚Europa' als religiös-politisches Konstrukt, das im säkularen Mantel christlichen Charakter trage. Gil Anidjar (2008) arbeitet die konkrete Beziehung heraus, die der Orientalismus zum Säkularismus unterhält. Genauer genommen gingen Orientalismus und Säkularismus Hand in Hand: „The two terms, *religious* and *secular*, are therefore not simply masks for one another. Rather, they function together as strategic devices and as mechanisms of obfuscation and self-blinding." (ebd., 47) Anidjar versteht den Säkularismus als wirkmächtigen Diskurs, der mit dem Christentum verschmelze und in der Abgrenzung zur nicht christlich-säkularen Religion ‚der Anderen', durchsetzt und damit seine Hegemonie stabilisiert (ebd., 48). In diesem Prozeß erscheine der Islam als „paradigmatic religion, the religion of fanaticism" (ebd., 49). Damit manifestiert sich der Orientalismus inmitten des Säkularismus-Diskurses, der (nicht-säkulare) Religion auf ‚Andere' verlagert und ‚uns' säkular-christlich macht.

Die Gleichzeitigkeit von ‚Nicht-Religion' und ‚Zu-viel-Religion' stilisiert den Islam in seiner Gänze zur Bedrohung der ‚christlich-säkularen Ordnung' und knüpft interessanterweise an antisemitische Topoi der mangelhaften und betrügerischen Fassade ‚des Juden' und seiner Fähigkeit an, natürliche Grenzen zu überschreiten und zu irritieren (siehe ausführlich Exkurs-Kapitel). Der Islam sei ‚Nicht-Religion', weil politisch. Er sei ‚zu-viel-Religion', weil nicht säkular. Seine Symbole und Glaubenspraktiken sollen im Namen der Neutralität aus dem öffentlichen Raum verbannt werden, während christliche Praktiken und Symbole eine privilegierte, unsichtbare Stellung genießen, weil sie säkularisiert seien. Dementsprechend operiert der gegenwärtige Islamdiskurs an der Schnittstelle von Religion und Säkularismus, um dem Islam politisch und religiös eine Sonderrolle zuzuweisen und seine Kontrolle zu begründen. „Secularism is Orientalism. And Orientalism is Christianity. It is Christian Imperialism", wie Anidjar (2008, 52) zusammenfaßt. Denn im Orientalismus offenbart sich ein zweischneidiges Prinzip, das Religion erschaffe und gleichzeitig maskiere. Schlußendlich ergänzen sich damit christliche und säkulare Diskurse im Narrativ der ‚Islamisierung'. Die Einbindung christlicher Motive und das Zelebrieren säkularer Ordnungen zielen darauf ab, das religiöse Recht der *Anderen* zu beschneiden, während ‚unser' Recht unantastbar wird. Als ‚wahre' Religion und ‚wahrer' Säkularismus wähnt sich die Strategie im Schutz seiner diskursiven Kombination, nicht zuletzt um ‚unsere' Religion und ‚unsere' Ordnung vor den *Anderen* zu schützen. „Doing so, Orientalism – which is to say, secularism, – became one of the essential means by which Christianity failed to criticize itself, the means by which Christianity *forgot and forgave* itself." (ebd., 49)

3.1.3 Sexuell-geschlechtliche Ordnungen: Die Sexualität der *Anderen*

Will man „die rassistische Situation psychoanalytisch verstehen", so Frantz Fanon (1952 [1985], 115) in *Schwarze Haut, Weiße Masken*, „muß man den sexuellen Phänomenen große Bedeutung beimessen". Auch in Narrativen des antimuslimischen Rassismus nehmen Sexualitäts- und Geschlechtervorstellungen eine herausragende Stellung ein. Regelmäßig greift die AfD auf sexualisierte Islamtopoi zurück und problematisiert die Sexualität der *Anderen*. Zum ‚islamkritischen' Grundrepertoire der AfD gehört etwa die Kritik an „Zwangsehen", der „ungleiche[n] Rechtstellung der Frau", als auch der „patriarchalen Traditionen der islamischen Gesellschaften" (ebd., 72). Die Rede ist gar von „Miniharems" und „polygamen Verhältnissen" (ebd., 73), die Eingang in die deutsche Gesellschaft fänden. So stellt die AfD fest, daß in „mehreren westdeutschen Städten kollektiv Sexualdelikte von muslimischen Ausländern verübt wurden. Vor dem Hintergrund dieser Taten, für die es zuvor keine Beispiele in Deutschland gab, wird vor allem die restriktive und bigotte Sexualmoral islamischer Gesellschaften problematisiert, die nicht unabhängig vom Islam zu sehen ist" (AfD-thl 2017, 98). Der Topos des ‚frauenfeindlichen' und ‚hypersexuellen' Muslims erinnert an die Warnung des Missionsvertreters Froberger vor der ‚sexuellen Natur' des Islams. In seinem Plädoyer zur Abwehr der ‚Islamisierung' in Afrika versteht er den Islam als „Prinzip sittlicher Fäulnis" (Froberger 1905, 529). Auch dieser beklagt „die Verbreitung aller geschlechtlichen Ausschweifungen", sinniert über polygame Zustände und macht den Islam gar für die Verbreitung von Geschlechtskrankheiten wie der Syphilis verantwortlich (ebd., 529f.). Insgesamt bedroht der muslimische Sexualtrieb „auch vom sanitären und humanitären Standpunkte aus […] den gedeihlichen Fortbestand der Kolonien durch deren Entvölkerung" (Hansen 1910, 661). Umso eindeutiger versteht sich die Forderung nach einer „Gesundung Deutsch-Ostafrikas" (Richter 1905, 513). Die Vermengung des medizinischen mit dem rassifizierenden Diskurs über die ‚böse' und ‚gefährliche' Sexualität der *Anderen* zeigt sich auch in aktuellen Beschneidungsdebatten, wenn ‚Gesundheit' und ‚sexuelle Norm' für den Ausschluß nichtweiß markierter Körper herangezogen werden (Çetin/Wolter 2012; Yurdakul 2016).[9] Auch im medizinischen, sexualisierten Islamdiskurs deuten sich zudem antisemitische Diskurse der *‚Rassenhygiene'* an (Ziege 2002, 78; Hecht 2003, 109). Die Abwehr des Islams wird, das macht auch Richter (1905, 513) offensichtlich, mit der Heilung eines Körpers von Krankheit verglichen. Der ‚Orient' widerspricht dem guten Benehmen, dem sexuellen Anstand und

---

9   Mit der ‚Gesundheit' muslimischer Kinder argumentiert indes auch AfD-Politikerin Alice Weidel (am 14.6.2017) gegen den ‚kranken' Islam. In einem öffentlichen Tweet fordert Weidel die Einschränkung der Religionsfreiheit zum Kindeswohl (am 14.6.2017). Kinder im Ramadan erlitten Mangelernährung und Dehydrierung, so die AfD-Politikerin. Mit dem Slogan „Diese Religion gefährdet die Gesundheit von Kindern" (ebd.) weckt sie im Zusammenhang mit dem Islam die Assoziation mit einer gefährlichen Krankheit. Nicht die Ernährungspraxis als solche, sondern der Islam steht damit stellvertretend für eine ungesunde Lebensweise.

der Gesundheit, denn „everything about the Orient [...] exuded dangerous sex, threatened hygiene and domestic seemliness" (Said 1978 [1995], 167).

Der sexualisierte Islamdiskurs ist identitätsstiftend und verleiht europäischer Norm Autorität. Darüber hinaus läßt er sich politisch verwerten: In sozialen Medien verleiht die AfD-Politikerin Alice Weidel asyl- und flüchtlingsfeindlichen Argumenten Nachdruck, indem sie in einem öffentlichen twitter-Post (am 18.9.2017) „91% mehr Vergewaltigungen durch ‚Flüchtlinge' in Bayern" beklagt. Sie fordert unter dem Hashtag „#TrauDichDeutschland", „Grapsch-Migranten sofort aus[zu]weisen!" (am 17.7.2017). Ähnlich versucht Froberger (1905), die Diskriminierung von Musliminnen und Muslimen in ‚Deutsch-Ostafrika' mit dem ‚muslimischen' Frauenbild zu legitimieren. Unter anderem kritisiert er die „niedrige Stellung des Weibes" und stellt fest: „Dem Mohammedaner ist das Weib nicht Lebensgefährtin, sondern Werkzeug; jung, Werkzeug der Sinnlichkeit, alt, Werkzeug der Arbeit. Er hat keine Achtung vor demselben, und das arme Geschöpf ist ihm machtlos preisgegeben." (ebd., 529) Das Bild des muslimischen Patriarchats findet seine Ergänzung im Topos der ‚unterdrückten', ‚passiven' Muslimin. Sie sei ungebildet und naiv, trage „keine Empfänglichkeit für höhere Gedanken" (ebd., 529). Die Unterdrückung der muslimischen Frau gehe mit dem grundlegenden Sexualtrieb des ‚Orientalen' Hand in Hand. Der Diskurs legitimiert also den (kolonialen) Eingriff mit dem Schutz der ‚orientalischen' Frau vor dem ‚orientalischen' Mann. In diesem Verhältnis wird die Komplizenschaft des europäischen Mannes in der sexuellen und gewaltvollen Ausbeutung von (kolonisierten bzw. muslimischen) Frauen zum Schweigen gebracht. Unter vorgehaltener Sorge um den Schutz von Frauen werden rassistische Ausschlußmechanismen begründet und ‚unser' Sexismus unsichtbar gemacht (Attia 2009a, 2013; Shooman 2014a; Keskinkılıç 2017). Meyda Yeğenoğlu (1998) begreift deshalb Sexualität und Geschlechtervorstellungen als wesentliche Bezugsrahmen des europäischen Orientalismus.

Sie trägt zu einer feministischen Lesart bei und verknüpft den sexistischen Diskurs mit dem kolonialen. Kulturelle und sexuelle Differenz bildeten gemeinsam die Einheit des ‚Orients' (ebd., 26).

Während Bilder ‚orientalischer' Männlichkeit mit Topoi der Frauenunterdrückung sowie Haremsfantasien nackter (lesbischer) Frauen einhergehen, erweitert sich das sexualisierte Spektrum im antimuslimischen Rassismus um den Aspekt der Homo- und Transsexualität. Am 21.9.2017 inszeniert Weidel (2017) ein offizielles ‚Coming-Out' in ihrer Partei und wehrt Sexismus- und Homophobie-Vorwürfe an die AfD ab: „Ich bin nicht trotz meiner Homosexualität, sondern gerade wegen meiner Homosexualität in der Alternative für Deutschland" (ebd.), erklärt Weidel und sieht die ‚wahre Gefahr' für Homosexuelle im Islam. „Muslimische Gangs machen in letzter Zeit förmlich Jagd auf Homosexuelle und das mitten in Deutschland. Und das ist ein Skandal." (ebd.) Weidels Auftritt ist medienwirksam und läßt sich in den Wahlkampf integrieren. Auf einem Wahlplakat des Berliner AfD Landesverbands werben zwei homosexuelle Männer für die AfD: „Mein Partner und ich legen keinen Wert auf die Bekanntschaft mit muslimischen Einwanderern, für die unsere **Liebe** eine **Todsünde** ist." (AfD Landesverband Berlin 2017, H.i.O.) In einem Interview bezeichnet Weidel die AfD deshalb als „die einzige echte Schutzmacht für Schwule und Lesben in Deutschland" (Weidel am 20.9.2017). „Wir sind die einzige politische Kraft, die sich traut, die Bedrohungen, Diskriminierungen und Angriffe auf homosexuelle Menschen in Deutschland durch vornehmlich muslimische Migranten zu thematisieren. Alle anderen fürchten sich davor." (ebd.) Spätestens seit den 2000er Jahren entwickelt sich in Deutschland ein antimuslimischer Homophobie-Diskurs, wie Zülfukar Çetin (2015) feststellt. Unter Homonationalismus versteht er einen Ausdruck der „Dominanzkultur", die auf heteronormative, nationalistische und rassistische Herrschaftsverhältnisse zurückgreift und diese stabilisiert (ebd., 36). Die Polarisierung der Gesellschaft in ‚Wir' (homofreundliche Nation) und die *Anderen* (homofeindliche Muslime) rekurriere auf Rassifizierungsprozesse an muslimisch markierten Menschen, die sich mit Sexual- und Sicherheitspolitiken verschränken. Während Sexismus und Homophobie ethnisiert und damit Muslime zum Sinnbild homo-, frauen- und transfeindlicher Einstellungen würden, unterbleibe die Diskussion über Diskriminierung in den eigenen Reihen. Darüber hinaus schreibe der Diskurs eine Unsichtbarkeit homosexueller Musliminnen und Muslime fort. Der Sexismus- und Homophobievorwurf eignet sich zudem dazu, Rassismusvorwürfe abzuwehren. Die sexuelle Unordnung des Islams begründet nicht nur ein Umdenken in asyl- und migrationspolitischen Fragen. Die ‚Islamisierung' erweist sich als effizient, um sexistische Verhältnisse innerhalb der eigenen Gesellschaft zu verschleiern und den Kampf gegen die ‚Ideologie des Multikulturalismus' sexuell zu unterstreichen.

3.1.4 Sicherheitspolitische Ordnungen: ‚Gewalt' zwischen Abstraktion und Konkretion

Nach dem islamistischen Attentat auf den Weihnachtsmarkt an der Gedächtniskirche am Breitscheidplatz am 19. Dezember 2016 bekräftigen mehrere AfD-Politiker(innen) die Forderung nach verschärften Grenzen und konsequenter Abschiebung von Geflüchteten. „Das Gutmenschengejaule zu Terror in Berlin wird gleich einsetzen", beschwert sich etwa der AfD-Politiker André Poggenburg (*Süddeutsche* am 21.12.2016). Daß der Terror nicht ohne den Islam zu verstehen sei, betont sein Partei-Kollege Norbert Kleinwächter in einer Bundestagssitzung (AfD TV am 21.11.2017): „Nein, man kann nicht glaubwürdig den IS als Feind erkennen und zugleich pauschal verkünden, der Islam gehöre zu Deutschland." Auch in der von der AfD-Fraktion im Thüringer Landtag veröffentlichten Publikation *Der Islam. Fakten und Argumente* (2017) wird der Djihad weniger als Alleinstellungsmerkmal islamistischer Terrororganisationen und fundamentalistischer Auslegungen, sondern vielmehr als dem Islam wesensimmanenter Gewaltaspekt dargestellt. Bei ihm gehe es „nicht allein um die Verteidigung der Umma bzw. der islamischen Gebiete, sondern auch um deren Expansion" (AfD-thl 2017, 36). Aus diesem Grund sei der „Heilige Krieg" als „eine Form der islamischen Mission zu verstehen" und sei Gebot für Musliminnen und Muslime (ebd., 37). Koranzitate werden als Belege für die Gewaltverherrlichung und einen Imperativ des Angriffs zitiert. In diesem Sinne versteht die AfD Islamismus und Djihadismus nicht als „eine ideologische Abirrung" (ebd., 46), sondern als Ausdrucksformen des Islams, die „Teil an der unumstößlichen Autorität und Wahrheit des Koran" (ebd.) hätten.

Ähnlich machen Missionsvertreter in den Verhandlungen des Deutschen Kolonialismus 1905 und 1910 den Islam für die in deutschen Kolonien verbreitete Gewaltbereitschaft verantwortlich (Richter 1905, 519; Froberger 1905, 529; Axenfeld 1910, 634f.). Sklaverei und kriegerische Gewalt werden als göttliche Gebote des Korans begriffen. Der/die Muslim(in) wird als ‚Schläfer' inmitten des Kolonialreiches imaginiert, der sich jederzeit gegen den „verhassten ungläubigen Europäern" (Richter 1905, 519) erheben könnte. „Ein islamitisches [sic!] Afrika ist deshalb eine beständige Gefahr; jeden Augenblick können die Greuel der Sklavereijagden und der Heidenkriege wieder aufleben, nur die starke Faust des Europäers kann die wilden Instinkte der niedergehaltenen Mohammedaner zügeln, und der Zündstoff der religiösen Erhebung, des Djihad, kann jeden Augenblick zu lodernden Flammen des Glaubenskrieges angefacht werden." (ebd.) Während die AfD auf aktuelle Gewaltakte durch muslimisch markierte Menschen verweist, führen Missionsvertreter im Dritten Kolonialkongreß 1910 mit der sogenannten ‚Mekka-Brief-Affäre'[10] von 1908 in ‚Deutsch-

---

10 Michael Pesek (2003) skizziert den Verlauf eines aufsehenerregenden Widerstandes, der mit der Verbreitung eines im Juli 1908 vermeintlich aus Mekka über ‚Sansibar' verschickten Briefes an den islamischen Gelehrten Koldomani zusammenhänge. Die Schrift „großislamischer Tendenz" enthalte „stark aggressive Pläne gegen Europäer und Missionen" und stachele koloniale Untertanen gegen die deutsche Herrschaft an, so das Bezirksamt in einer beunruhigten Meldung (zit. nach Pesek 2003, 105). Der in arabischer Sprache verfaßte Brief wird in der deutschen Kolonie weitergereicht und erfährt im Verlauf seiner Verbreitung Abänderungen und Anpassungen. Es kursieren Fassungen, in

Ostafrika' den ultimativen Beweis an. Der Missionsinspektor Lic. Axenfeld (1910, 634f.) bekräftigt, daß „der zum Glück rechtzeitig entdeckte Versuch, die ostafrikanische Schutztruppe mit gefälschten Mekkabriefen durch Fanatisierung der Weiber aufzuwiegeln, uns den ernstesten Anschauungsunterricht erteilt" habe. Mit dem Rückgriff auf islamisch begründete Widerstandspraktiken unter Kolonisierten findet das Narrativ eines gewalttätigen, fanatischen Muslims als Gegensatz zu ‚uns' eine argumentative Stütze.

Sowohl im Falle der AfD, als auch in dem der Deutschen Kolonialkongresse, fußt der Islamisierungsdiskurs auf einer essentialistischen Täter-Opfer-Logik (Shooman 2014b, 38). ‚Musliminnen und Muslime als ‚wahre' Täter(innen) finden ihr Spiegelbild in ‚uns' als ‚wahre Opfer'. So warnt Axenfeld (1910, 634) vor „dem zerlumpten islamischen Bettler an der Strassenecke in Kairo, dem der Franke ein Geldstück zuwirft, doch [in dem] die Seele eines Sultans wohnt, weil er den einen Gott und seinen Propheten, das himmlische Buch und den wahren Gottesdienst besitzt". Seinen Anhängerinnen und Anhägern vermittle der Islam „ein stolzes Selbstbewusstsein gegenüber den Ungläubigen" (ebd.). Er nötige Musliminnen und Muslime dazu, „wenigstens in einem Stück auf den Weißen herabzusehen, und dieser Dünkel ist schwer auszurotten" (ebd.). Daran stört sich nicht zuletzt der AfD-Politiker Albrecht Glaser (2017a). Er wertet das „Selbstbewusstsein" junger

---

denen das Ende der Welt vorhergesagt und das ‚unsittliche' Leben der ‚Europäer' beklagt wird. Muslimische Prediger interpretieren die Botschaft als Voraussage, daß sich die deutsche Kolonialherrschaft dem Ende neige und ein islamisches Zeitalter anbrechen werde. Sie rufen zum Widerstand gegen deutsche Kolonialbeamte auf. In der Stadt Iringa kommt es am 10. September 1908 zu Protesten und Versammlungen. Prediger lesen aus dem Koran vor und ordnen an, Europäern nicht mehr zu dienen. Selbst sogenannte ‚Askaris', Soldaten der kolonialen ‚Schutztruppe', reichen ihre Entlassung ein. Der Streik geht in die Geschichte Tansanias als Widerstand gegen die Kolonialmacht ein (ebd., 127). Das koloniale Bezirksamt in Lindi vermutet den in Sansibar ansässigen Mohammed bin Chalfan el-Barwani, den deutschen Behörden auch unter dem Namen Romaliza bekannt, hinter der vermeintlichen ‚Verschwörung' (Becker 1911, 46). Er wird angezeigt und verhaftet.

muslimischer Männer als Zeichen für die in der ‚islamischen Kultur' vermeintlich verwurzelte Ansicht, Musliminnen und Muslime seien die „Herrscherschicht" und beanspruchten die Welt für sich.

‚Ängste' und ‚Sorgen' vor islamistischem Terrorismus und islamisch begründeter Gewalt nehmen in der Begründung ‚islamkritischer' Diskurse und Praktiken eine wichtige Rolle ein. Studien zur Islamophobie und Islamfeindlichkeit verweisen etwa auf die Ereignisse rund um den 11. September 2001 und diagnostizieren ein zunehmendes Bedrohungsgefühl vor ‚dem Islam' (Benz 2012). Ähnlich begreift Wilhelm Heitmeyer (2012, 20) Islamophobie und Islamfeindlichkeit als irrationale Stereotype, die in der Moderne eigentlich überwunden sein sollten, jedoch ein Gefühl „latenter Dauerbedrohung mit entsprechenden psychischen Auswirkungen" wecken. Ebenso nehmen US-amerikanische Studien zu „Moral Panics" und „Folk Devilry" (Morgan/Poynting 2012; Bonn 2012) 9/11 als zentrales diskursives Ereignis in den Blick, um die globale Herausbildung eines muslimischen Feindbildes nachzuzeichnen. Der muslimische „Folk Devil" wird als Projektionsfläche sozialer Ängste und Sorgen imaginiert und zieht Forderungen nach verstärktem Grenz- und Sicherheitsschutz und die Ablehnung muslimisch markierter Einwanderer(innen) nach sich. Yasemin Shooman (2014b, 38) führt die Wirklichkeitskonstruktion auf eine selektive Wahrnehmung zurück, die das zuvor skizzierte Weltbild mit Fakten zu beweisen sucht und der These widersprechende Informationen ignoriert oder zurückweist. Tatsächlich wird die ‚Mekka-Brief-Affäre' von 1908 als Beweis für die ‚muslimische Realität' erst zur Dritten Verhandlung 1910 zitiert (Axenfeld 1910, 634), um das koloniale Projekt zu legitimieren. Die Verbreitung der ‚Mekka-Briefe' nehmen Missionare zum Anlaß, um ihre Argumente, allen voran die schon 1905 propagierte Gewaltthese, gegen die Gefahr der ‚Islamisierung' zu bekräftigen. So verstand Said (1978 [1995], 26) den Diskurs der ‚islamischen Gewalt' als spezifische Ausdrucksform einer „imaginative demonology of ‚the mysterious Orient'" im europäischen Orientalismus. Das Herrschaftssystem setzt auf die Beobachtung der *Anderen*, um ihre Unterwerfung durch Wissensregime zu stützen. Das Prinzip laute: „to make out of every observable detail a generalization and out of every generalization an immutable law about the Oriental nature, temperament, mentality, custom, or type" (ebd., 86). Aktuelle Rückgriffe auf konkrete Vorfälle, die Ängste vor der Gewalt der *Anderen* schüren, erfüllen damit eine Legitimationsfunktion, um rassifizierende Ordnungen aufrechtzuerhalten (Attia/Keskinkılıç 2016, 172ff.). Dadurch wird von konkreten Ereignisse abstrahiert und auf muslimisch Markierte projiziert. Außerdem werden Gewaltakte gegen Musliminnen und Muslime unsichtbar gemacht und stattdessen sicherheitspolitische Maßnahmen gefordert, um die *Anderen* zu erforschen und zu beobachten, ihre Einwanderung und religiösen Praktiken zu regulieren, und in Folge ungleich zu behandeln, und das zu ‚unserem' Schutz.

3.2 Instrumentelle Dreiecksbeziehungen und Überschneidungen: ‚Wir', ‚die Muslime' und andere *Andere*

Der kollektive Antisemitismusvorwurf gehört zum Einmaleins antimuslimischer Rhetorik und findet entsprechend in asyl-, integrations- und migrationspolitischen Debatten beliebten Gebrauch, um Stimmung gegen Musliminnen und Muslime zu machen sowie gegen ihre Einwanderung zu argumentieren. In einem Interview am 06.04.2017 mit *Die Welt* verkündet die ehemalige AfD-Politikerin Frauke Petry, „dass die AfD einer der wenigen politischen Garanten jüdischen Lebens auch in Zeiten illegaler antisemitischer Migration nach Deutschland ist". Petry unterstellt damit der Migration von Musliminnen und Muslimen ein an und für sich antisemitisches Motiv und beschuldigt sie kollektiv der Judenfeindschaft. Der rhetorische Rückgriff auf die Sorgen jüdischer Gemeinden vor zunehmenden antisemitischen Übergriffen in Deutschland und Europa, um gegen die Einwanderung von Musliminnen und Muslimen im Allgemeinen und muslimischen Geflüchteten im Speziellen zu demonstrieren, spiegelt sich auch im Handbuch *Der Islam* (AfD-thl 2017) der AfD-Thüringen wieder. Dem Thema „Islam und Antisemitismus" ist ein eigenes Kapitel gewidmet. Daß der Antisemitismus durch die Einwanderung von Geflüchteten im Land zunehme, sei nicht von der Hand zu weisen: „Tatsächlich wird infolge des massiven Zustroms von überwiegend muslimischen Flüchtlingen nach Europa eine Ausweitung des Antisemitismus muslimischer Prägung beobachtet." (ebd., 92) Der ‚muslimische Antisemitismus' wird zum „Bestandteil der Alltagskultur" erklärt und als „Grundthema des religiösen Selbstverständnisses" (ebd.) von Musliminnen und Muslimen diskutiert. Koran und Hadithe ließen keinen Zweifel daran, daß die Verfolgung und Vertreibung von Jüdinnen und Juden ein wesentliches Merkmal des Islams ist, da diese „in den Schriften des Islam jederzeit ihre Rechtfertigung finden" (ebd., 93). Zwar gebe es auch einen ‚nicht-muslimischen Antisemitismus' in Europa, jedoch „zeigt sich ein Islam, für den der

Antisemitismus ein wesentliches Kennzeichen ist, als eine nicht akzeptable ideologische Weltanschauung" (ebd., 95). In anderen Worten ist ‚unser' Antisemitismus Ausnahme, der Antisemitismus der *Anderen* die Regel. Wie Attia (2013) erklärt, erfüllt der Vorwurf verschiedene Funktionen. Zum einen diene er dazu, den Antisemitismus in den eigenen Reihen zu kaschieren und auf *Andere* zur eigenen Entlastung zu externalisieren. Zum anderen trage er zur „Konstruktion einer positiven historischen Identität als weiße Deutsche" bei (ebd., 13). Der Vorwurf funktioniere als Ventil, um rassistische Ressentiments im Deckmantel vorgehaltener Antisemitismusbekämpfung zu entladen, Privilegien zu sichern und Dominanzansprüche geltend zu machen. Gil Anidjar (2003, xvii) führt dieses Prinzip auf das Dreiecksverhältnis „Europe, the Jew, the Arab" zurück, in dem die Position des Diskursproduzenten in den Hintergrund rückt und sich durch die naturalisierte Opposition von ‚dem Juden' und ‚dem Araber' bzw. ‚dem Muslim' als vermeintlich natürliche Feinde unsichtbar macht. „Yet one cannot help but wonder at the absence of any consideration, any sustained analysis, or even any history of ‚Europe' in its relation to both Jew and Arab" (ebd., xvii). „The question that must be raised, then, is, Where are the Aryans, the Indo-Europeans? Or what does the Christian want?", fragt Anidjar (2008, 36) und wirft damit Licht auf instrumentelle Dreiecksbeziehungen, die ‚Europa' in Verhältnis zu verschiedenen *Anderen* gestaltet.

Das instrumentelle Modell ist flexibel und findet in ‚Deutsch-Ostafrika' einen eigenen Ausdruck in der Beziehung ‚des Orientalen' zum ‚Afrikaner'. In den *Verhandlungen der Deutschen Kolonialkongresse* ist der Islam deshalb nicht nur Feind der deutschen Kolonialregierung, sondern „der Kultur Afrikas überhaupt" (Richter 1905, 510). Der Islam gilt in den Wortbeiträgen der Missionare als „Fluch für Ostafrika" (ebd., 512), denn er habe „Sklavenjagden", „Sklavenkriege" und „Sklavenmärsche" (ebd.) über die ‚Afrikaner(innen)' gebracht. Die islamische Kultur sei „ohne jede Einschränkung ein namenloses Übel für Afrika" (ebd.), so Richter in seinem Plädoyer, die ‚christliche Kultur' in den Kolonien zu stärken und den Islam aus Afrika zu verdrängen. Sklaverei und die „Ausrottung der schwarzen Heiden" (ebd., 519) versteht er – analog zum aktuellen Diskurs über einen ‚muslimisch begründeten Antisemitismus' – als „göttliche Gebote des Koran" (ebd.). Die Rolle der deutschen Kolonialmacht selbst bleibt in dem Verhältnis ‚Araber(innen) gegen Afrikaner(innen)' unberücksichtigt. Mehr noch habe die deutsche Mission und Kolonialregierung zur „Gesundung Deutsch-Ostafrikas" (ebd., 513) beigetragen, indem die Sklaverei verboten und die Gewalttaten der Musliminnen und Muslime abgewehrt worden seien. Im Diskurs wird ‚der Muslim' im Vergleich zu ‚uns' als eigentlicher, wahrer und alleiniger Kolonisator entworfen, der sich territorial ausbreitet und Völker unterwirft, um Herrschaftsgebiete zu erweitern, während ‚wir' und ‚unser' Kolonialismus freigesprochen bzw. unsichtbar gemacht wird (ebd., 512ff.). Dieser Aspekt findet in der Idee des Muslims als eigentlicher Antisemit eine Wiederbelebung, wehrt (historische) Schuld und den Vorwurf des Nationalsozialismus (wie die des Kolonialismus) ab und verlagert die Täterschaft einseitig. In seinem islamfeindlichen Internetblog *Die Verheerung Europas* greift der ehemalige AfD-Stadtratskandidat in Berlin-Lichtenberg Wolfgang Hebold auf die vermeintliche Sorge für die Sicherheit von jüdischen Mitbürger(innen) zurück und entwirft ‚den Muslim' als eigentlichen Nationalsozialisten. Den Islam bezeichnet er als „eine schnöde faschistoide Ideologie" (Hebold 2017a) und unterstellt der Religion eine ideologische Verwandtschaft mit dem Nationalsozialismus (Hebold 2017b). Dieser Topos bietet auch im Islamhandbuch der AfD-Thüringen besondere Anknüpfungspunkte, indem auf die „Zusammenarbeit zwischen Hitlers Dritten Reich und arabischen sowie europäisch (bosnischen) Muslimen" (AfD-thl 2017, 93f.) hingewiesen wird. Während implizit das Dritte Reich und der Nationalsozialismus auf ‚Hitlers Projekte' reduziert werden und ‚unsere' Mittäterschaft geleugnet wird, steht der „Großmufti von Jerusalem" als Hitlers Verbündeter symbolhaft für den kollektiven Antisemitismus aller Musliminnen und Muslime.

„Judenfeindschaft ist hier [‚in der islamischen Welt'] zentraler Bestandteil der Politik" (ebd., 94.). Zugespitzt formuliert: ‚Wir' sind und waren keine Nationalsozialist(inn)en oder Antisemit(inn) en, Musliminnen und Muslime hingegen schon. Wie Alexander Flores (2008) feststellt, findet die Vorstellung von Araber(inne)n als „wahre Erben der Nazis" (ebd., 146) entsprechende Resonanz in Deutschland. Das Bild finde sich insbesondere im Begriff des ‚Islamfaschismus' wieder und neige mitunter zu undifferenzierten wie verzerrten Gleichsetzungen eines arabischen und europäischen bzw. nazistischen Antisemitismus mit genozidalem Charakter (ebd., 151). In diesem Kontext versteht sich auch Hebolds Warnung vor der Einwanderung von Muslim(inn)en und der Gefahr einer Ausbreitung ihrer Kultur für ‚uns' in Deutschland: ‚wir' und Jüdinnen und Juden zusammen als ‚gemeinsame Opfer'. Das Prinzip, *Andere* gegen andere *Andere* im Sinne eines Teilens und Herrschens auszuspielen, folgt dem Grundrepertoire kolonialer Strategien, wie Stuart Hall (1994) hervorhebt. Insbesondere der Diskurs der ‚Islamisierung' bezieht sein Potential nicht nur aus den Gefahrenszenarien für ‚uns', sondern kalkuliert eine vermeintliche Solidarität mit den einen Unterdrückten gegen die anderen Unterdrückten mit ein. Der Diskurs der ‚Islamisierung', der die Abwehr von Muslim(inn)en bezweckt, inszeniert damit ‚uns' als Schutzmacht für Schwarze, respektive Jüdinnen und Juden, vereint als Opfer der Musliminnen und Muslime. Durch den Deckmantel vorgehaltener Solidarität mit den *Anderen* der Musliminnen und Muslime werden ‚wir' entlastet.

In instrumentellen Dreiecksverhältnissen offenbart sich im Besonderen, wie sich verschiedene Ungleichheitsdiskurse gegenseitig bedingen und Einfluß aufeinander nehmen. Der antischwarze Kolonialrassismus verleibt sich gar antimuslimische Topoi ein und produziert die Gefahr ‚des schwarzen Muslims'. Richter, der sich um das Wohl schwarzer Kolonisierter vor der ‚arabischen Gefahr' sorgt, hält weiterhin an einem rassistischen Weltbild fest, das Schwarze in zoologischen Termini entmenschlicht und ‚uns' biologisch wie kulturell unterordnet. Entsprechend manifestiert sich die Verschränkung antimuslimischer und antischwarzer Rassismen in der Figur des Suaheli, die Richter (1905, 513) als „Mischrasse" versteht. Sie nehme die Religion, Kleidung und Verhaltensweisen der Araber(innen) an, doch hinter der islamisierten Fassade versteckten sich „Halbaraber" (ebd.) und „Araber-Affen in arabischer Kleidung" (ebd., 514). Die Figur des Suaheli als Sinnbild für die Gefahr ‚des schwarzen Muslims' findet auch aktuell Widerhall. Auf einem Werbeplakat der Krankenkasse DAK posiert Philipp Awounou mit seiner Freundin. Das Paar hält ein Ultraschallbild in den Händen. „Auf einmal steht das Leben Kopf" lautet der abgedruckte Werbeslogan. Im März 2018 entfacht in den Sozialen Medien eine rassistische Haßtirade gegen den schwarzen Deutschen, wie der Betroffene auf *Spiegel Online* berichtet (Awounou 2018). Der AfD-Kreisverband Nordwestmecklenburg teilt am 5. Februar das Bild unter dem Titel „Flutung unseres Landes mit Migranten. Die Krankenkassen freut es":

> Multikulti! Die Krankenkassen triumphieren. Das Asylchaos führte in Deutschland zu Mitgliederzuwächsen und mehr Beiträgen. Das Problem ist, wer trägt die Beiträge? Natürlich trifft es den deutschen Bürger wieder, denn der große Teil der Migranten wird niemals einzahlen. Denken Sie mal darüber nach, wenn Sie am Morgen zur Arbeit gehen und fleißig Steuergelder erwirtschaften…! (ebd.).

Der AfD-Kreisverband nimmt das Werbebild also zum Anlaß, um gegen Migration und Asyl zu skandieren. Der sich in den darauf folgenden Hetztiraden im Netz artikulierende antischwarze Rassismus vermengt sich interessanterweise auch mit Islam- und Sexualitätsdiskursen. Awounou wird als „Afro-Moslem-Flüchtling" bezeichnet, seine Partnerin als „muslimische Hure" beschimpft (ebd.). Antischwarze und antimuslimische Bilder vermengen sich, wie schon zuvor in Debatten über den ‚übergriffigen', muslimischen Geflüchteten im Kontext der sexuellen Übergriffe in der Kölner Silvesternacht 2016 deutlich wird (Keskinkılıç 2017). Unter dem Titel *Frauen klagen an. Nach den Sex-Attacken von Migranten:*

Sind wir noch tolerant oder schon blind? portraitiert die Zeitschrift *Focus* (am 09. Januar 2016) eine nackte, weiße Frau mit schwarzen, schmutzig abgefärbten Handabdrücken übersät. In ähnlicher Manier veröffentlicht die *Süddeutsche Zeitung* (am 09./10. Januar 2016) ein Cover, auf dem ein schwarzer Arm zwischen zwei weiße Frauenbeine greift. In beiden Fällen wird das Motiv der ‚Rassenschande' bedient und Schwarzsein kolonialrassistisch stigmatisiert. Interessant ist zudem, daß die Debatte über den ‚patriarchalen, rückständigen und sexistischen Islam' gleichzeitig antischwarze Rassismen in den Mittelpunkt rückt. In anderen Worten wird der Diskurs der ‚muslimischen Sexualität' vom Topos des ‚hypersexuellen Schwarzen' begleitet und das ohne daß letzterer ausdrücklich benannt werden müßte.

Das Gefahrenszenario einer ‚Vermischung' beider fremder Elemente (hier schwarz und muslimisch) spiegelt sich auch in rechtspopulistischen Diskursen über Jüdinnen und Juden sowie über Musliminnen und Muslime wieder. Zum einen läßt sich der Transfer antisemitischer Topoi der ‚Unterwanderung', ‚Doppelzüngigkeit' und ‚Überfremdung' in Narrativen des antimuslimischen Rassismus nachweisen (Shooman 2008, 2015a). Zum anderen ist der plakative Philosemitismus brüchig und schwenkt in antisemitische Kehrseiten um, „sobald Jüdinnen und Juden sich nicht mehr in antimuslimische Argumentationen einbinden lassen" (Shooman 2014b, 54). Tatsächlich ist ‚der Jude', der ‚dem Muslim' in seinen Praktiken, Riten und Weltbildern zu nahesteht, eine Gefahr. Er bringt die Proklamation einer ‚Judensolidarität' zu Fall, provoziert ein Verbot von Halal- und Koscher-Fleisch, oder empört ‚uns' mit religiösen Beschneidungsriten (Çetin/Wolter 2012; Yurdakul 2016). Während sowohl Holocaustrelativierung und -leugnung, als auch die Verbreitung klassisch antisemitischer Weltbilder in der AfD (Benz 2016; Riebe 2016) mit dem Ziel einhergehen, einen völkischen Patriotismus wiederzubeleben, beklagt die Partei den Antisemitismus in Deutschland, wenn der Vorwurf gegen Einwanderung und den Islam mißbraucht werden kann. Öffentliche Debatten über ‚muslimische No-go-Areas' und ‚importierten Antisemitismus' greifen mitunter nicht nur auf tradierte Orient- und Islambilder zurück, sondern beziehen sich in letzter Instanz auf ‚den Juden' als instrumentelle Kontrastfolie und bleiben antisemitischen Motiven – der Proklamation eines ‚christlich-jüdischen Abendlandes' zum Trotz – weiterhin treu (Keskinkılıç 2018). Sollten sich Juden und Jüdinnen hier – respektive Schwarze bzw. ‚Afrikaner(innen)' in ‚Deutsch-Ostafrika' – ‚unserer' politischen Agenda nicht unterwerfen und sich ‚westlichen' Werten bzw. antimuslimischen Positionen nicht unterordnen, werden auch sie zur Zielscheibe von Anfeindungen und als Verräter(innen) stigmatisiert.

3.3 Diskursive Spaltungen: ‚gute' und ‚böse' Musliminnen und Muslime

Das Feindbild Islam hindert auch die AfD nicht daran, Bilder eines anderen, ‚positiven' Islams zu zeichnen, das eine Existenzberechtigung in Deutschland habe. Die AfD heißt Musliminnen und Muslime willkommen, die kein Kopftuch tragen, keine Minarette bauen, auf den Muezzin-Ruf verzichten, in Moscheen nur in deutscher Sprache predigen und am Sport- und Schwimmunterricht teilnehmen (AfD WP 2017, 35, 45). ‚Gute' Musliminnen und Muslime folgen der Rechtsordnung und ‚Leitkultur' und sehen von der „Diffamierung rationaler Religionskritik als ‚Islamophobie' oder ‚Rassismus'" ab (ebd., 34). Vielmehr passen sie sich ‚unseren' Werten an und stellen ihre Loyalität unter Beweis. Das Bild des ‚guten Muslims' speist sich entsprechend aus seiner negativen Kontrastfolie, dem ‚bösen Muslim'. Ersterer gilt als Idealbild, um letzteren auf den rechten Pfad der Integration und Anpassung an ‚unsere' Norm zu leiten und unseren Erwartungen gerecht zu werden. So lobt Albrecht Glaser (2017a) den islamfeindlichen Autor Peter Hammond, der in seinem antimuslimisch-verschwörungstheoretischen Werk *Slavery, Terrorism and Islam* (2010) die weltweite ‚Islamisierung' aufzudecken behauptet. Der ‚Islamkritiker' sei ein „seit langen Jahren, nobelpreisverdächtiger, in Paris lebender kluger Araber", so Glaser (2017a.). Der ‚kluge Araber' bestätigt den Topos der ‚Islamisierung' und wird zur rhetorischen Waffe gegen ‚dumme' Araber(innen), die ‚islamisieren', eingesetzt. Strategisch bedient sich die AfD regelmäßig muslimischen Kronzeuginnen und Kronzeugen, wie ‚liberalen Koraninterpret(inn)en' (AfD-thl 2017, 96) sowie ‚Islamkritiker(innen)' (ebd., 88, 95), die die dem Islam sowie Musliminnen und Muslimen vermeintlich wesenhafte frauenfeindliche und antisemitische Gesinnung für ‚uns' bestätigen. ‚Islamkritische' Kronzeuginnen und Kronzeugen aus dem ‚Inneren des Anderen' heranzuziehen, um das Narrativ eines ‚unzivilisierten', ‚gewalttätigen' und ‚fremden' Islams zu untermauern, gehört zum Standardrepertoire antimuslimischer Argumentationsstrategien, wie Shooman (2015b) zeigt. Die Einbindung ‚guter' Musliminnen und Muslime erfüllt den Zweck, dem politischen Dominanzanspruch Gehör und authentisches Recht zu verschaffen. Genauer gesagt, imaginiert die AfD einen islamischen Kooperationspartner, der für das Projekt der deutschen ‚Leitkultur' verwertet werden kann. Im Abschlußplädoyer des Islam-Handbuchs der AfD Fraktion Thüringen lautet die islampolitische Forderung deshalb: „Hierzu ist auch auf die Zusammenarbeit mit solchen Muslimen zu setzen, die sich unzweideutig zur säkularen Ordnung bekennen und die an einem mit dieser Ordnung konvergierenden Islamverständnis orientiert sind." (AfD-thl 2017, 118) Inwiefern die herangetragenen Vorstellungen einer ‚säkularen Ordnung' mit dem Dominanzprojekt der ‚Leitkultur' zusammenhängen und in (kolonial-)rassistischen Erzählungen und Strategien der Kontrolle und Diskriminierung entlang von Kultur- und Religion eingebunden werden, wurde schon im Kapitel *christlich-säkulare Ordnungen* thematisiert. Mit Blick auf gegenwärtige Islampolitiken in Deutschland, etwa in Form der *Deutschen Islamkonferenz*, verweist auch Schirin Amir-Moazami (2014, 363) auf „das intime Verhältnis von Anerkennungsgesten und verstärkter Kontrolle der religiösen Praxis durch Sicherheitstechniken". Sie erklärt, wie hegemoniale Diskurse um Säkularismus und Sicherheit dazu beitragen, Musliminnen und Muslime in ‚gute (deutsche) Staatsbürger(innen)' zu verwandeln, sie zu zivilisieren und in die Logik liberal-säkularer Machttechniken zu integrieren. Staatlich gelenkte Imamausbildungen und die Gestaltung des islamischen Religionsunterrichts nach ‚unserem' Interesse begreift die Islamwissenschaftlerin als regulative Instrumente und Kontrollmechanismen mit dem Ziel, den Islam nach christlich-säkularem Vorbild zu zähmen und europagerecht zu ‚modernisieren'. ‚Unser guter, domestizierter Islam' kann dann umso effektiver gegen ‚böse' Ausreißer(innen) und politische Gegner(innen), die sich nicht nach ‚unseren' Wünschen verhalten, instrumentalisiert und für das Projekt der Beobachtung, Disziplinierung und Abwehr eingesetzt werden.

Die Empfehlung eines ‚guten Islams' für politische Dominanzprojekte formuliert schon Becker (1910) in seinem Plädoyer für eine deutsche Islampolitik. Mit dem Begründer der deutschen Islamwissenschaft ergänzen sich zwei unterschiedliche Positionen in der Debatte über die Rolle des Islams in den deutschen Kolonien. Der Diskurs der „islamischen Gefahr" („Threat of Islam") trifft auf die „Möglichkeiten des Islams" („Potentiality of Islam"), wie Holger Weiss (2000, 54) zusammenfaßt. Offenkundig schreibt Becker dem Islam eine scheinbar zivilisatorische Kraft zu, die zwar ‚Europa' unterlegen, ihm aber im Vergleich zur vermeintlichen ‚Wildnis' Afrikas näherstehe und damit höherwertiger sei. Becker tritt damit als wissenschaftlicher Verfechter einer kolonialen Inwertsetzung des Islams in Afrika auf. In seinen orientalistischen Studien weist er dem Islam eine Schlüsselfunktion, gar die Rolle eines Mediators zwischen ‚Westen' und ‚Osten' zu. Wie Alexander Haridi (2005, 40) feststellt, schreibt Beckers Paradigma der ‚islamischen Zivilisation' dem ‚Orient' einen eigenen Charakter zu. Der ‚Orient' wird zum Mangelobjekt stilisiert, das aber ‚Entwicklungspotential' in sich berge. So plädiert Becker für die ‚Entwicklung' des Islams nach ‚europäisch-christlichem Maßstab', um ihn für die Kolonisierung Afrikas, die ‚Disziplinierung' und ‚Entwicklung' von ‚Afrikanerinnen' und ‚Afrikanern' zu instrumentalisieren. Dem Islam wird auf diese Weise ein kolonial-evolutionäres Transitmoment zwischen Tradition und Moderne zugewiesen. Er erscheint als Vorstufe zum europäischen Modell. Suzanne L. Marchand (2009, 365) bringt Beckers rassistisch-koloniales Hierarchiemodell folgendermaßen auf den Punkt: „[J]ust as black Africans were inferior to 'orientals' and 'orientals' to white men, paganism was ranked below Islam, and Islam below Christianity". Marchand zufolge erwies sich diese Rangfolge als nützlich, um den Islam für koloniale Zwecke in Afrika zu verwerten, solange eine unkontrollierte ‚Ausbreitung' und ‚Übernahme' des Kontinents durch ‚Araber(innen)' bzw. ‚Orientalinnen' und ‚Orientalen' und der ihnen zugeschriebenen Religion und Kultur verhindert werden kann. So plädiert Becker (1910, 650) dafür, den Islam indirekt unschädlich zu machen, indem er ‚europäisiert' wird. Es verwundert nicht, daß sich nur wenige Jahre nach Abschluß des Dritten Kolonialkongresses politische Prioritäten ändern und die ‚Gefahr der Islamisierung' einer neuen deutschen Djihad-Strategie weicht, die den Islam sowie Musliminnen und Muslime gegen Großbritannien, Frankreich und Rußland im Ersten Weltkrieg zu instrumentalisieren versucht (Schwanitz 2003, Keskinkılıç 2018). Im Gegenteil scheinen beide Konzeptionen in Wechselwirkung miteinander zu stehen. Dementsprechend gründet der Bezug des Deutschen Reiches auf den Islam auf kolonialen Deutungsmustern, die weder diskursive, noch politische Gleichberechtigung anstreben, sondern ‚Araber(innen)' sowie ‚Musliminnen' und ‚Muslime' als ‚orientalische' Repräsentationsfiguren eine ständig sich ändernde spezifische Funktion in der ‚Rassen'hierarchie zuweisen: Nah genug, um ‚Bündnisse' zu schließen, doch ausreichend entfernt, um Dominanz und Überlegenheit geltend zu machen, werden sie je nach Kontext in das koloniale Gefüge eingeordnet und für koloniale Zwecke instrumentalisiert.

Den ‚bösen' Islam von seinem ‚dämonischen Charakter' zu befreien, und nach ‚unserem' Ebenbild ‚gut' zu machen oder gar zu exotisieren, ist Teil einer stringenten Herrschaftslogik, wie Mohammad H. Tamdgidi (2012) bestätigt. Er begreift Islamophobie und Islamophilie als zwei Seiten derselben Medaille, "as forms of Western religious, cultural, orientalist, and epistemic racism that similarly other, oversimplify, essentialize, and distort our views of the 'really existing Islam' as a plural weltanschauung – one that, like any other, has historically produced contradictory interpretative, cultural, and socio-political trends involving liberatory and imperial/oppressive aspirations" (ebd., 56). Die Strategie der Spaltung bezeichnet Hall (1994, 167) mit dem Begriff des „stereotypen Dualismus". Dieser unterscheide im kolonialen Apparat ‚gute, edle *Andere*' von ‚schlechten, unedlen *Anderen*'. Er spaltet die Gruppe der Kolonisierten in ein Gegensatzpaar auf, um Gewalt und Herrschaft mit Verweis auf eine Ausnahme zu legitimieren und durchzusetzen. Diskurse der Idealisierung versteht Hall als eine Ergänzung der „Rituale der Herabwürdigung" (ebd., 164). Das Stereotyp des *Anderen* werde demzufolge in zwei Figuren, ‚gut' und ‚böse', ‚freundlich' und ‚feindlich', aufgespalten. Mahmood Mamdani (2005) arbeitet den Dualismus von ‚guten' und ‚bösen' Musliminnen und Muslimen am Beispiel sicherheitspolitischer Debatten und imperialer Praktiken nach 9/11 heraus. Er beschreibt, wie die Trennung ‚des Muslims' in normative Gegensätze die legitimatorische Grundlage für militärische Auseinandersetzungen und die Abwehr des Islams darstellt: "But this could not hide the central message of such discourse: unless proved to be 'good', every Muslim was presumed to be 'bad'. All Muslims were now under obligation to prove their credentials by joining in a war against 'bad Muslims'." (ebd., 15)

Die Willkür der Strategie, der sich nicht zuletzt rechtspopulistische Akteure wie die AfD bedienen, offenbart sich in der Einschränkung des Diskurses über ‚den guten Muslim'. Dazu zählt zum einen der Taqiyya-Vorwurf, Musliminnen und Muslime folgten einem religiösen Gebot zur Lüge und verheimlichten ihre Mission, das ‚Abendland' zu ‚islamisieren'. Shooman (2014b, 42) zählt den Täuschungsvorwurf zum Kernbestand antimuslimischer Argumentationen im Internet. Die Idee einer vorgetäuschten Anpaßung an die Gesellschaft, eines hinterlistigen Muslims bzw. einer hinterlistigen Muslimin, der/die im Geheimen das politische Projekt der schleichenden Islamisierung plane, knüpfe an antisemitische Argumentationstraditionen an (ebd., 44). Obgleich die AfD ‚den guten Muslim' als Idealbild gegen ‚den bösen Muslim' propagiert, adressiert sie ersteren gleichermaßen durch rassifizierende Ausgrenzungspraktiken, die das Privileg, auserwählt zu sein, relativieren. „Beispielsweise kann ein Muslim in der Diskussion über den Djihad ganz richtig betonen, dass es hier ja um persönliche Glaubensanstrengungen gehe und gegenüber Nicht-Muslimen wird er auf die Toleranzgebote des Koran hinweisen, während er im Kreise anderer Muslime jeweils ganz anders reden kann." (AfD-thl 2017, 39)

Das Thema wird im Islamhandbuch der AfD Thüringen unter der Überschrift *Muslime verheimlichen ihre wahren Absichten* (ebd., 102) näher beleuchtet. Das Werk kommt zum Schluß, daß „es ihnen [Musliminnen und Muslimen] in der Situation der Unterlegenheit und unter der Herrschaft der Ungläubigen erlaubt oder gar geboten [ist], sich nach außen hin loyal zu geben, gegenüber den Ungläubigen freundlich und wohlgesonnen zu erscheinen, ohne es aber tatsächlich zu sein" (ebd., 103f.). Während die Wahrheit zu sagen an sich „keine strikt verbindliche Forderung" im Islam sei, würden Täuschung, List und Lüge keinesfalls verworfen (ebd., 104). In Täuschung und List folgten Musliminnen und Muslime dem Charakterzug ihres Gottes: „Auch Allah selbst bediente sich ihrer, wie der Koran an mehreren Stellen betont: Allah ist demnach und ausdrücklich der größte aller Listenschmiede." (ebd., 104) Entsprechend bescheinigt die AfD Musliminnen und Muslimen ein „instrumentelles Verhältnis zu Lüge, Täuschung und Verschleierung". Sie seien „als ‚Mittel zum Zweck' erlaubt, gegebenenfalls gefordert und jedenfalls nicht verwerflich" (ebd., 105). In anderen Worten bestehe die Gefahr, daß sich ‚böse Musliminnen und Muslime' hinter der scheinheiligen Fassade ‚guter Musliminnen und Muslime' versteckten. Der pauschale Generalverdacht relativiert den Diskurs eines ‚guten' Islams, wenn Musliminnen und Muslime an und für sich eine Neigung zur Lüge und List unterstellt wird. Analog kann Beckers kolonialstrategisches Islambild Vertreter der Missionsgesellschaften im Berliner Reichstag nicht überzeugen. Zwar erklärt Axenfeld (1910, 673), „[e]in frommer und loyaler Moslem soll in deutschen Kolonien ebenso unangefochten seines Glaubens leben dürfen, wie der Christ und der Heide". Doch im Grunde traut auch er dem Idealbild ‚guter' Musliminnen und Muslime nicht so recht: „Jedenfalls sind die illoyalen die konsequenteren Moslim" [sic!] (ebd., 636). Der Missionar Mohr aus Kirchheim schließt sich Axenfelds Urteil in der Abschlußdiskussion im Reichstag an. Er warnt vor der Propaganda und strategischen List des Islams und erklärt: „Durch ihre scheinbare

Loyalität, wie sie die Moslems überall zur Schau tragen, [...], haben sie sich bis auf einen gewissen Grad unentbehrlich zu machen gewusst." (VDK 1910, 668)

Daran schließt sich eine zweite Einschränkung an, die schon Becker formulierte. Obgleich er für die Einbindung des Islams in kolonialpolitische Maßnahmen plädiert und über ‚Entwicklungsmöglichkeiten' sinniert, stimmt er seinen Kollegen bezüglich der Gefahr einer Ausbreitung des Islams zu. Becker (1910, 650) läßt keinen Zweifel daran, daß die „Theorie von einer Europäisierung des Islam" mit Vorsicht zu genießen ist, denn bis es soweit sei, müsse man „die Bildung grosser geschlossener islamischer Komplexe nach Möglichkeit verhindern". Im Einklang mit Missionsvertretern erklärt auch Becker, es solle „die Erbauung von Moscheen und die Niederlassung von Waalimus kurzerhand verboten werden" (ebd., 651). Doch er geht weiter: „Auch dürfte man hier natürlich keine mohammedanischen Beamten und Askaris oder Lehrer verwenden, auch müsste man den ganzen von Mohammedanern getriebenen Handel ausschalten." (ebd., 651) Das ist ein unmißverständlicher Appell, dem sich wohl auch die AfD widerspruchslos anschließen könnte. Nicht umsonst heißt es im Grundsatzprogramm der Partei: „Solange der Islam keine echte Reformation durchlaufen hat, fordern wir die Schließung von Koranschulen wegen der unkontrollierbaren Gefahr einer radikalen verfassungsfeindlichen Indoktrination." (AfD GP 2016, 55) Die Frage ist nur, ob der Islam, so sehr man sich seine Aufklärung wünscht, zu dieser überhaupt fähig sei. In seinem Blogeintrag *Warum es keinen liberalen Islam geben kann* schreibt etwa Hebold (2017b).

> Und ja, es gibt Moslems, die verabscheuen den Terror, mit dem ihre Glaubensbrüder die Welt seit den ersten Tagen dieses Glaubens überziehen. Sie verabscheuen das Händeabhacken und Hinrichten von Ehebrecherinnen und Schwulen. Ungläubige sind für sie Menschen wie sie selber und keine Untermenschen, die man bei Gelegenheit umbringen darf.

Doch im nachfolgenden Satz bestreitet er, ob es sich bei diesem „selbsterklärt liberalen Gläubigen" (ebd.) wirklich um einen Anhänger des Islams handeln könnte: „Nein, es gibt keinen liberalen Islam. Denn der Islam hat nichts zum Denken zu bieten." (ebd.) Mehr noch, es gebe keine „wirkliche originär islamische philosophische Schule". Musliminnen und Muslime seien keine Produzenten von Wissen, sondern bewahrten ‚unsere' Texte auf. „Man kann getrost sagen: Der Islam ist eine Religion ohne intellektuellen Anspruch", resümiert Hebold sein islamfeindliches Weltbild. Ähnlich knüpft das AfD-Islamhandbuch an die ‚Denkunfähigkeiten' des Islams an und setzt ihrer Forderung nach Aufklärung und der ‚Integrationsfähigkeit' des Islams eindeutige Grenzen. Die Aufklärung folge einer spezifisch ‚westlichen' Geschichte und Idee, „die mit zentralen Vorstellungen des Islam nur sehr schwer – wenn überhaupt – vereinbar sind" (AfD-thl 2017, 82). Das Aufklärungsdenken beruhe auf dem Begriff der Vernunft, genauer genommen der „säkulare[n] menschliche[n] Vernunft" (ebd.). So stellt die AfD etwa fest, daß „Versuche, den Koran einer Interpretation zu unterziehen, die sich an der aufgeklärten, wissenschaftlichen Vernunft orientiert, [...] in der islamischen Welt in der Regel auf größte Widerstände" stoße (ebd., 82). Zweitens, stehe der Islam dem Fortschrittsgedanken der Aufklärung an sich im Wege, die „nicht einfach in die islamische Gedankenwelt einzufügen" (ebd., 83) ist. Die AfD rekurriert auf einem Islambild demzufolge die *Anderen* ahistorisch und rückwärtsgewandt denken und handeln (ebd., 83f.). Insgesamt richte sich der Islam nämlich gegen die „Konzeption der Evolution" (ebd., 81.).

Innerhalb dieses Diskurses wird die Dichotomie ‚Wir und die Anderen' essentialistisch verteidigt. Die Identitäten werden durch die zugeschriebene Unfähigkeit der *Anderen*, wie ‚wir' zu sein, verstärkt und bestätigt. Die vermeintliche Integrations- und Entwicklungsunwilligkeit der *Anderen* verfestigt die ‚Grenzen zwischen den Kulturen'. Der Diskurs eines Islams, der (unfähig) kopiere, was ‚wir' hervorgebracht haben", klingt auch in Frobergers (1905, 536) Schlußfolgerung im Berliner Reichstag 1905 an, wonach „der Islam wohl Kultur ist, aber nur Scheinkultur, die schlimmer ist, wie Mangel an Kultur". Musliminnen und Muslime könnten sich, so der Missionsvertreter, eigentlich nicht entwickeln, weil sie „in ihrer Halbkultur" (ebd.) erstarrten. Analog zur AfD-Einschätzung eines Islams, der nicht in der Moderne angekommen ist (AfD-thl 2017, 89), wird dem Islam auch in diesem Falle eine fortschrittsfeindliche Haltung bescheinigt. Der Koran wird als „der grosse Feind allen Fortschritts" (ebd., 530) bezeichnet, als Kulturhindernis und -hemmnis imaginiert. Er verstärke die „Hindernisse alles geistigen Fortschritts" (Axenfeld 1910, 634). Letztendlich steht dem AfD-Projekt eines aufgeklärten Islams und ‚guten Musliminnen und Muslimen' der Islam bzw. Musliminnen und Muslime selbst im Wege. Der Weg zur ‚Moderne' sei sehr weit, „ungeachtet der Frage, ob sie [‚die islamische Welt'] diesen Weg überhaupt einschlagen will", wie die AfD in Thüringen resümiert (AfD-thl 2017, 91).

Der ‚gute Islam', genauso wie ‚gute Musliminnen und Muslime' erfüllen in diesem Argumentationsnetz lediglich die Funktion, Kulturkampfparolen Nachdruck zu verleihen, Rassismusvorwürfe durch den Verweis auf ‚gute Ausnahmen', die privilegiert werden, abzuwehren und ‚gute Musliminnen und Muslime' gegen ‚böse Musliminnen und Muslime' auszuspielen. Doch im Grunde gibt es keinen Unterschied zwischen ihnen. Beide beziehen ihre Stellung aus demselben Wahrheitsregime. Sie sind ewig ‚anders', weil ewig ‚muslimisch'. Ob ‚gut' oder ‚böse', ‚integriert' oder nicht: die Trennung ‚des Muslims' in zwei oppositionelle Figuren läßt

---

[11] Dabei handelt es sich um einen aus dem Antisemitismus bekannten Topos (Gilman 2005 [2009]), der im Exkurs-Kapitel dieses Buches gemeinsam mit weiteren Topoi diskutiert wird, die von Antisemitismus und antimuslimischem Rassismus geteilt werden. Dazu zählen die in historischen und aktuellen Debatten zugeschriebenen Merkmale Illoyalität, Hang zur Täuschung und Integrations- bzw. Assimilationsunfähigkeit.

Rückschlüsse auf eine grundlegende Ambivalenz rassifizierender Islamdiskurse zu. Dabei handelt es sich um nichts anderes als ein Machtinstrument, um trotz ‚guter Ausnahmen' über ‚böse' Musliminnen und Muslime sprechen zu können. Im Diskurs der ‚Leitkultur' und ‚Entwicklung' wird einerseits die Veränderung der *Anderen* nach ‚unserem' Maßstab gefordert und damit eine Möglichkeit der Gleichberechtigung theoretisch offen gehalten. Nichtsdestotrotz wird im gleichen Atemzug die ‚natürliche Differenz', die für die Unterscheidung als solche überhaupt erst notwendig wird, zementiert. Musliminnen und Muslime sind deshalb, analog zu Jüdinnen und Juden im Antisemitismus (siehe Exkurs-Kapitel), zwischen der Aufforderung der Anpaßung und ihrer ausgewiesenen Anpaßungsunfähigkeit in einem Teufelskreis der Differenz gefangen. In anderen Worten wird dem Islam einerseits die Bedingung gestellt, sich zu wandeln, andererseits vorgeworfen, diese Bedingungen nicht erfüllen zu können, weil ‚muslimisch'. Der Topos der ‚Leitkultur' als Antwort auf die ‚Gefahr der Islamisierung' wird zum Schauplatz einer hierarchischen Ordnung, die ‚Kulturen' und ihre Träger(innen) homogenisiert, essentialisiert und naturalisiert. In Saids Worten (1978 [1995], 36): „There are Westerners, and there are Orientals. The former dominate; the latter must be dominated."

3.5 Demographische Bedrohungsszenarien

‚Islamkritiker(innen)' beharren auf dem Argument, den Islam zu attackieren, nicht die Menschen, die ihm angehören. Die Abneigung gegen die Religion verstehen sie als ‚legitime Islamkritik'. Sie gehe nicht automatisch mit Feindschaft oder Diskriminierung von Musliminnen und Muslimen einher. Daß es sich dabei um eine Schutzbehauptung handelt, wird, wie Shooman (2014b, 46) zeigt, am Topos der demographischen Bedrohungsszenarien offensichtlich. Der AfD-Vorsitzende Jörg Meuthen erschreckt sich etwa in seiner eigenen Stadt: „Ich sage das wirklich ohne jede Übertreibung: Ich sehe noch vereinzelt Deutsche." (MOZ am 22.4.2017) Meuthen befürchtet, daß in wenigen Jahren Deutsche in ihrem ‚eigenen Land' nur noch eine Minderheit stellen werden. Umso dringlicher ist der Appell, die Zuwanderung zu stoppen, sonst „ist die unwiderrufliche Veränderung unserer Heimat in ein in gar nicht vielen Jahren muslimisch geprägtes Land eine mathematische Gewissheit" (ebd.). Das demographische Gefahrenszenario faßt Albrecht Glaser (2017a) auf einer AfD-Veranstaltung in Frankfurt am Main zusammen. Er bezieht sich auf die antimuslimische Verschwörungstheorie des ‚Islamkritikers' Peter Hammond in *Slavery, Terrorism and Islam* (2010). Glaser würdigt ihn als „ausgezeichneten Kenner des Islams", der in seinem Buch einen „Kriegsplan" aufdecke, der von „den obersten Islam-Gelehrten Saudi Arabiens erdacht" sei (Glaser 2017a):

> Der Islam hat religiöse, rechtliche, politische, ökonomische und militärische Komponenten. Islamisierung tritt in Erscheinung, wenn es genügend Muslime in einem Land gibt, die für ihre sog. ‚religiösen Rechte' agitieren. Wenn politisch ‚korrekte' und kulturell sich zersplitternde Gesellschaften den ‚vernünftigen Forderungen der Muslime' nach ihren ‚religiösen Rechten' zustimmen, importieren diese dann auch die anderen Komponenten.[12]

---

[12] Es bleibt im Rahmen des Vortrages unklar, ob Glaser diesen Absatz und das nachfolgend präsentierte Stufenmodell der ‚Islamisierung' (beides auf seinen Powerpoint-Folien festgehalten und abgelesen) eigenständig formuliert oder Hammonds Werk direkt zitiert.

Glaser stellt die Stadien der Islamisierung wie folgt vor:

Solange der Anteil der muslimischen Bevölkerung eines Landes um die 1% liegt, werden sie als friedliebende Minderheit betrachtet, die keinerlei Bedrohung darstellt.

Ab 2-3% missionieren sie neue Anhänger aus anderen ethnischen Minderheiten und Randgruppen mit einem großen Rekrutierungspotential unter Gefängnisinsassen und Straßengangs.

Ab 5% Bevölkerungsanteil beginnen sie, einen an ihrer Bevölkerungszahl überproportionalen Einfluss auszuüben. Beispielsweise drängen sie auf Einführung von Halal-Lebensmitteln, wobei Druck auf Supermarktketten ausgeübt wird, diese in ihren Regalen herauszustellen – zusammen mit Drohungen, falls dem nicht Folge geleistet wird (USA).

Wenn Muslime 10% der Bevölkerung erreichen, setzen sie zunehmend Gesetzlosigkeit als Mittel ein, um sich über ihre Lebensbedingungen in der Gesellschaft der ‚Ungläubigen' zu beschweren (Paris: massenhaftes Anzünden von Autos). Jede Handlung von Nicht-Muslimen, die angeblich den Islam beleidigt, hat Krawall und Drohungen zur Folge (Mohammed-Karikaturen).

Ab ca. 30% sind Unruhen zu erwarten, die Formierung von Dschihad-Milizen, sporadische Tötungen und das Anzünden von Kirchen und Synagogen.

Bei 40% findet man weitverbreitete Massaker, chronische Terrorattacken und andauernden Bürgerkrieg durch Moslemmilizen.

Ab 60% ist uneingeschränkte Verfolgung Andersgläubiger zu erwarten, sporadische ethnische Säuberungen, Einsatz des islamischen Rechts (Sharia) als Waffe und Jizya, die Sondersteuer für ‚Ungläubige':

Ab 80% Moslemanteil sind von Staatsseite ethnische Säuberungen und Völkermorde zu erwarten.

Bei 100% wird der Friede des ‚Dar-es-Salaam' anheben – des islamischen Hauses des Friedens -, in dem angeblich Frieden herrscht und keine Ungläubigen und Andersgläubigen mehr unter den Muslimen leben. Doch den gibt es selbstverständlich nicht: Ein Gläubiger tötet den weniger Gläubigen, ein Bruder richtet sich gegen den anderen, diese gegen den Vater, die Familie gegen die Cousins, der Klan gegen den Stamm, der Stamm gegen die Welt – und alle gegen die ‚Ungläubigen'.

In diesem Islamisierungsmodell ist die Zahl und die Existenz von Musliminnen und Muslimen gleichbedeutend mit ‚muslimischem Handeln' im Sinne einer Gefahr für Demokratie, Sicherheit und Frieden. In anderen Worten werden die Musliminnen und Muslime entlang des Bedrohungsszenarios zugeschriebenen Eigenschaften biologisiert. Es scheint, als könnten sie nicht anders, als ‚muslimisch', also tödlich, zu handeln. Es liegt in ihrem Wesen. Nicht Integration und Gleichberechtigung, sondern Beobachtung, Kontrolle und Abwehr der demographischen Bedrohung lauten dann die notwendig erscheinenden Forderungen. Entsprechend warnt die AfD auch in ihrem Wahlprogramm vor der ‚Geburtenwaffe' der *Anderen*: „In der Ausbreitung des Islam und der Präsenz von über 5 Millionen Muslimen, deren Zahl ständig wächst, sieht die AfD eine große Gefahr für unseren Staat, unsere Gesellschaft und unsere Werteordnung." (AfD WP 2017, 34) Die zahlenmäßige Erfassung scheint für eine erfolgreiche Abwehr die notwendige Voraussetzung. Im Islam-Handbuch der AfD-Thüringen werden Zahlen und Statistiken vorgestellt, die die islamische Expansion und die heutige Verbreitung des Islams, auch in Deutschland, graphisch darstellen (AfD-thl 2017, 47ff.). „Für 2050 wird mit 2,8 Milliarden Muslimen weltweit gerechnet, das wären dann ca. 30 Prozent der Weltbevölkerung." (ebd., 50). Muslimische Einwanderer(innen) hätten die Demographie auf ihrer Seite. So macht die AfD darauf aufmerksam, „dass der Anteil von Muslimen an der Bevölkerung der europäischen Länder im zurückliegenden halben Jahrhundert exorbitant angewachsen ist." (ebd., 51) Damit operiere die ‚Islamisierung' in erster Linie mit der ‚Waffe' der Geburt. Auf Wahlkampfplakaten kündigt die AfD deshalb einen ‚Geburtenkampf' an. „'Neue Deutsche?' Machen wir selber!" steht über einem Foto einer schwangeren, weißen Frau. Auf einem anderen Wahlplakat wird eine familienfreundliche Politik gefordert: „Kinder!Machen!Spaß!". Auf dem Foto sind zwei weiße Deutsche kurz vor dem Liebesakt zum Schutz der Nation abgebildet (vice 2017).

Das demographische Gefahrenszenario wird von einem entmenschlichenden Sprachgebrauch begleitet. Nicht zuletzt die Einwanderung von Geflüchteten kommt in politisch wie medial gebräuchlichen Begriffen wie ‚Masseneinwanderung', ‚Flüchtlingswelle', ‚Flüchtlingsstrom' oder ‚Migrationswelle' einer Naturkatastrophe gleich. Das apokalyptische Sprachrepertoire folgt einer ähnlichen rhetorischen Struktur wie in der Rede von der ‚Islamisierung' in Afrika, denn auch dort zieht die Gefahr „wie eine Wetterwolke auch in unsere Kolonien hinein" (Richter 1905, 522). Analog zur ‚Flüchtlingswelle' wird die ‚Islamisierung' der Kolonie ‚Deutsch-Ostafrika' als „Hochflut des Mohammedanismus" eingestuft (ebd., 514). Missionare warnen vor der „Sturmflut des Islam" (ebd. 522) und sehnen sich auch nach einer zahlenmäßigen Erfassung. Axenfeld (1910, 632) beruft sich für ‚Britisch-Zentral-Afrika' auf Zahlen des Islamwissenschaftlers Martin Hartmann und warnt: „Noch 1909 gibt Hartmann [...] die Zahl sämtlicher Moslims in Britisch-Zentralafrika auf nur 790 an, allerdings eine sicher falsche Zahl." Axenfeld fordert eine systematische Beobachtung: „Es fehlen dazu noch die Unterlagen, ja sogar ein sicherer Massstab. Wer ist in Afrika Moslem?" (ebd.) In seiner Studie zur Ausbreitung des Islams in ‚Deutsch-Ostafrika' stellt etwa Becker (1911) fest, daß die „völlige Islamisierung" der Küste nicht von der Hand zu weisen sei. So sei selbst „das Hinterland" von Daressalam und „der Süden der Kolonie" „am stärksten infiziert" (ebd., 11). Terminologisch weckt Becker implizit die Analogie einer sich unkontrolliert ausbreitenden Krankheit, die jener natürlichen, quasi gesunden Kolonialordnung schade. Das Stadium der ‚Islamisierung' mißt er an zunehmenden rituellen Beschneidungen, der stetig wachsenden Zahl an Islamlehrern und dem Bau von Moscheen. Durch diese Angaben sieht er die deutsch-koloniale Befürchtung einer „stetigen Ausbreitung des Islam" bestätigt (ebd., 15).

In demographischen Bedrohungsszenarien wird die bis zuletzt propagierte Unterscheidung zwischen ‚guten' und ‚bösen' Musliminnen und Muslimen obsolet, wie die Formulierung im Wahlprogramm „Ausbreitung des Islam und der Präsenz von über 5 Millionen Muslimen, deren Zahl ständig wächst" (AfD WP 2017, 34) allzu deutlich belegt. Musliminnen und Muslime an und für sich scheinen das Problem zu sein. Der Topos ihrer ‚Geburtenwaffe' geht Hand in Hand mit der zutage tretenden Erblogik. Am Beispiel der demographischen Bedrohungsszenarien wird also der Rassifizierungsprozeß im antimuslimischen Rassismus unverkennbar. Er betrifft nicht nur praktizierende und ‚böse' Musliminnen und Muslime, sondern all jene, die nach (angeblicher) Abstammung als Musliminnen und Muslime gelten. Sie werden entlang von Merkmalsausprägungen wie Kultur, Religion und Herkunft kategorisiert (‚Muslim'), homogenisiert (‚alle gleich') und essentialisiert (‚ihrer Kultur und Religion nach einfach so'). Der Islam und die ihm zugeschriebenen, negativen als muslimisch gedeuteten Verhaltensweisen werden naturalisiert (‚es ist ihnen angeboren'), weil sie scheinbar von Generation zu Generation vererbt werden. Musliminnen und Muslime existieren, wie Jüdinnen und Juden im völkischen Diskurs (Ziege 2002, 251), deshalb als ewiger Gegensatz zum Deutschen und werden in demographischen Prognosen als Musliminnen und Muslime (nicht-deutsch) gezählt, die nur ‚muslimisch' (nicht-deutsch) denken und handeln würden. Kurzum, Muslim(in) ist und bleibt, wer von Musliminnen und Muslimen abstammt. Die offensichtliche Analogie zwischen der AfD und den Verhandlungen des Deutschen Kolonialkongresses liegt, wie der Fall der demographischen Bedrohungsszenarien zeigt, demnach im Dreischritt der Rassifizierung: in der Homogenisierung, Essentialisierung und Naturalisierung zum Zweck bzw. mit dem Effekt der Entmenschlichung und Legitimation ihrer Kontrolle und Abwehr als ‚ewig Andere'.

4. Die Figur des Muslims: Ein Antimuslimischer Rassismus ohne Musliminnen und Muslime

Unter dem Begriff des antimuslimischen Rassismus versammeln sich hegemoniale Praktiken und Diskurse, die Musliminnen und Muslime bzw. als solche wahrgenommene Menschen zur Zielscheibe gesellschaftlicher Ausschlußprozesse machen. Der Rückgriff auf ‚muslimische Realitäten' begründet Kulturdifferenzen und legitimiert Ungleichheit. Er folgt einem Konstruktionsprozeß, der die ‚Wahrheit des Muslims bzw. der Muslimin' erst produziert. Die eigene (religiöse) Selbstbeschreibung spielt für den Ausschlußprozeß keine Rolle. So werden zum Beispiel phänotypische Merkmale und/oder Herkunftszuschreibungen herangezogen, um Betroffene und ihr Handeln zu ‚islamisieren'. Die Markierung als Muslim(in) basiert entsprechend auf einer Abstraktion. So gründet das Herrschaftsverhältnis auf einer projektiven Figur, die einerseits auf muslimisch markierte Körper projiziert wird, andererseits der tatsächlichen Anwesenheit dieser Körper innerhalb der Nation nicht bedarf, um den/die Muslim(in) zu vermuten und ‚als Idee' anzugreifen. Dabei qualifiziert sich der antimuslimische Rassismus im doppelten Sinn als ein *antimuslimischer Rassismus ohne Muslime*.

Gewalt und Terrorismus, Kriminalität, Frauenfeindlichkeit, Homophobie und Antisemitismus, ‚Ehrenmorde', ‚Zwangsheirat' und mangelnde Integrationswilligkeit oder -fähigkeit zählen zu viel zitierten Grundeigenschaften einer vermeintlich ‚muslimischen Realität'. Insgesamt dient die Sammlung dazu, die Andersartigkeit des Islams zu untermauern und ‚unseren Ängsten und Sorgen' Berechtigung zu verleihen. Interessanterweise neigen Versuche, die Diskriminierung von Muslim(inn)en in ihrem tatsächlichen Anderssein zu suchen, dazu, den antimuslimischen Rassismus als legitime und rationale Reaktion auf Differenz zu bestätigen. Die Annahme einer empirischen Plausibilität für den antimuslimischen Rassismus offenbart sich nicht zuletzt in problematischen Abgrenzungsversuchen zum Antisemitismus (siehe Exkurs in diesem Buch). Der antimuslimische Rassismus wird dann als Reaktion auf die vermeintliche Realität ‚des Muslims' interpretiert. Dieser Lesart zufolge wird Rassismusbetroffenen im Sinne einer Täter-Opfer-Umkehr die eigene Schuld für ihre Diskriminierung zugeschrieben. Dagegen liegt die Erfindung der *Anderen* in der Eigenheit eines jeden Rassismus, das Objekt der Unterwerfung diskursiv zu erzeugen, um Dominanzansprüche geltend zu machen. So verstand Fanon (1952 [1985]) den schwarzen Körper als Projektionsfläche weißer Fantasien. Schwarzsein existiert in seiner Differenz zur weißen Norm: „Die Inferiorisierung auf seiten der Eingeborenen entspricht der europäischen Superiorisierung. Haben wir den Mut, es auszusprechen: Es ist der Rassist, der den Minderwertigen schafft." (ebd., 68) Sander L. Gilman (2005 [2009]) arbeitet heraus, welche Rolle die Figur des Schwarzen im Antisemitismus und in der Erfindung des jüdischen Körpers als nicht-weiß einnimmt. „Für den Wissenschaftler des 18. und 19. Jahrhunderts war die ‚Schwärze' des Juden/der Jüdin nicht nur ein Marker seiner ‚rassischen' Minderwertigkeit, sondern auch ein Indikator der erkrankten Natur des Juden/der Jüdin." (ebd., 396) Gilman verdeutlicht die Verschränkung antischwarzer und antisemitischer Denktraditionen in der Figur eines als schwarz gedachten Juden, der sein Schwarzsein biologisch, kulturell und charakterlich verinnerlicht habe und weitervererbe (ebd., 398ff.). Darüber hinaus wird die konsequente Projektionslogik des Rassismus am Beispiel des ‚jüdischen' Körpers' offenkundig, indem ein spezifisch ‚jüdisches Aussehen' (wie die Vorstellung der ‚jüdischen Nase' oder jene einer an der Haut von Jüdinnen und Juden vermeintlich ablesbaren Krankheit und Schwärze) imaginiert und damit eine ‚jüdische Körperrealität' erst erfunden wird.

Das Sein, Denken und Verhalten der *Anderen* als Beweisvorlage für die Erklärung ihrer Diskriminierung zu zitieren, folgt damit der Logik eines jeden Rassismus. Die projektiven Figuren des Schwarzen, des Juden und des Muslims erfüllen eine Symbolfunktion in rassistischen und antisemitischen Erzählungen. Sie sind Effekte des Rassismus, nicht andersherum. Said (1978 [1995], 208) spricht nicht ohne Grund davon, daß der Orientalist in Diskussionen über den ‚Orient' selbst durchweg anwesend ist, während das Objekt, über das gesprochen wird, abwesend bleibt. Der Orientalist spreche also an seiner Stelle und erschaffe ihn im Sprechen über ihn. In anderen Worten ist der ‚Orient' nicht, während die über ihn Sprechenden sich (‚Okzident') in ihm (‚Orient') erzählen: „It is Europe that articulates the Orient; this articulation is the prerogative, not of a puppet master, but of a genuine creator, whose life-giving power represents, animates, constitutes the otherwise silent and dangerous space beyond familiar boundaries." (ebd., 57) Die Orientalisierung ‚des Orients' findet ihr Äquivalent in der Muslimisierung ‚des Muslims', seiner diskursiven Erzeugung als Gegenidee. Daraus folgt, daß der antimuslimische Rassismus keine natürliche, schon gar keine logische Antwort auf die Differenz der *Anderen* ist, sondern diese erfindet. Dazu wird im sozialen Umfeld nach Erklärungen gesucht, um die Ungleichbehandlung anhand vermeintlich ‚wahrer Zustände' zu legitimieren. In dieser Logik zitiert auch die AfD den islamistischen Terrorismus, genauso wie Fälle sexistischer, homophober und antisemitischer Gewalttaten als Beweise für die grundlegende ‚Wahrheit des Islams' und projiziert diese ‚Wahrheit' auf muslimisch gelesene Körper.

Zudem macht die (post-)koloniale Kontextualisierung die Irrelevanz muslimischer Realitäten bzw. ihre Konstruktion und flexible Einbettung offensichtlich, zeigt sich doch die Anpassungsfähigkeit hegemonialer Islam- und Orientdiskurse nicht zuletzt am Beispiel der *Verhandlungen der deutschen Kolonialkongresse* 1905 und 1910. Tatsächlich wird, wie bei Axenfeld (1910, 634) der Fall, die ‚Mekka-Brief-Affäre' von 1908 in ‚Deutsch-Ostafrika' als Beweis für die ‚unzivilisierte', ‚muslimische' Gewaltbereitschaft erst zur Dritten Verhandlung 1910 zitiert und als argumentative Stütze gegen die ‚Islamisierung' herangezogen. Sie dient als Grundlage für die in den nachfolgenden Jahren umgesetzten Erforschungen der ‚Mekka-Briefe' und der ‚Islamisierung' in deutschen Kolonien. Drei groß angelegte wissenschaftliche Studien sollen Abhilfe schaffen und mit finanzieller Unterstützung des Kolonialbüros der Verbreitung des Islams und seiner Gewaltbereitschaft auf die Spur kommen.[13] Die orientalistischen Studien zur ‚Islamisierung' folgen in ihrer Konzeption, Umsetzung und Auswertung den propagierten Annahmen einer ‚islamischen Gefahr'. Im Grunde wiederholt die ‚Mekka-Brief-Affäre' lediglich die schon fünf Jahre zuvor im Rahmen des Zweiten Kolonialkongresses 1905 ausformulierten Differenzmarker, bestätigt den Diskurs am ‚konkreten' Fall und abstrahiert von ihm zum allgemeinen Prinzip. Gleichzeitig wird im Diskurs auf Widerstände und Handlungen der *Anderen* reagiert. Sie werden jedoch für den eigenen Zweck umgedeutet. In anderen Worten erschafft der Diskurs der ‚Islamisierung' seine eigene Argumentationsfolge und verweist dabei jeweils auf ent-

---

[13] 1908 startet Becker die erste Studie über die sogenannte ‚Mekka-Briefe-Affäre' in ‚Deutsch-Ostafrika' und veröffentlicht seine Ergebnisse 1911 in der *Zeitschrift für Geschichte und Kultur des Islamischen Orients* unter dem Titel *Der Islam*. Becker übersetzt nicht nur einen in Umlauf geratenen ‚Mekka-Brief, um dem islamisch begründeten Widerstand auf die Schliche zu kommen. Darüber hinaus untersucht er die lokalen Bedingungen, unter denen sich die ‚Ausbreitung' des Islams vor Ort gestalte. Das Stadium der ‚Islamisierung' mißt er an der zunehmenden rituellen Beschneidung bei Jungen, der stetig wachsenden Zahl an Islamlehrern und dem Bau von Moscheen. Durch diese Angaben sieht er die deutsch-koloniale Befürchtung einer „stetigen Ausbreitung des Islam" bestätigt (Becker 1911, 15). Es folgen zwei weitere Untersuchungen von Dietrich Westermann (1914) und Martin Hartmann (1913). Unter anderem erstellt Hartmann einen Fragenkatalog *Zur Islamausbreitung in Afrika*, der an die Kaiserlichen Gouvernements in Togo, Kamerun und ‚Deutsch-Ostafrika' sowie an christliche Missionen vor Ort mit der Bitte um Auskunft verschickt wird. Unter anderem fragt er nach Anzahl und Örtlichkeiten von Moscheen und Koranschulen, ihrer Finanzierung bis hin zur Unterscheidung der muslimischen von der nicht-muslimischen Bevölkerung nach ‚Stammeszugehörigkeit', Sprache, Wohnsitz und Anzahl. Der Auskunftsbogen endet mit der Frage: „Läßt sich in Ihrem Bezirk ein Zusammenhang erkennen zwischen Islam, Sklaverei und Polygamie?" (ebd., 43f.). Hartmanns Fragebogen folgt implizit jener Logik, die den Islam sowie Musliminnen und Muslime mit niederen Charakterzügen von Morallosigkeit bis hin zu Frauenfeindlichkeit und Gewalt essentialisiert.

sprechende ‚muslimische Realitäten'. So reicht 1905, wenige Jahre vor der ‚Mekka-Brief-Affäre', allein der Verweis auf die dem Islam vermeintlich wesensimmanenten Eigenschaften als Beweis für die Bedrohung für ‚unsere' Kolonie: Sklaverei, Polygamie, Krankheit, Gewalt und Frauenunterdrückung bilden schon dann den Ausgangspunkt einer ‚Religions- und Kulturkritik', die den Islam zum Feindbild ‚christlich-europäischer' Werte stilisiert und vor seinem Djihad warnt. Die Forderungen, den Islam aus deutschen Kolonien zu verdrängen, ihm das Expansions- und Unterwanderungspotential zu entziehen, ist von Anfang an eng verbunden mit dem Ziel, den Einfluß der Mission in Afrika auszuweiten. Die ‚Mekka-Brief-Affäre' wird also zu einer selbsterfüllenden Prophezeiung und verleiht den Subjekten Autorität, um den Forderungen nach Beobachtung, Kontrolle und Beforschung von Musliminnen und Muslimen Nachdruck zu verleihen, insofern als daß der vermeintliche empirische Beweis für die Gewalt- und Terrorgefahr schon vor dem konkreten Sachverhalt (hier die Diskussionen von 1905) bedient wird. Auch wenn nun im Falle des Kongresses 1910 auf einen islamisch begründeten Widerstand verwiesen wird, dann ist die ‚Realität' der ‚Mekka-Brief-Affäre' sekundär, erfüllt sie lediglich den Zweck, die Forderungen, welche ohnehin auf der Agenda stehen, nun mit diesem Beispiel zu unterfüttern. ‚Der Muslim' existiert also bereits bevor materielle Körper oder konkrete Sachverhalte gefunden werden könnten, die ihn bestätigen. Für den Diskurs der ‚Islamisierung' und den damit einhergehenden Ausschlußstrategien ist das ‚tatsächliche' Handeln der *Anderen* keine Voraussetzung.

Daß dafür in zweiter Instanz auch die tatsächliche Präsenz von Musliminnen und Muslimen irrelevant ist, zeigen Peter Gottschalk und Gabriel Greenberg (2013) am Beispiel der US-Geschichte. Die Verbreitung antimuslimischer Diskurse über internationale Kommunikationswege mache ‚den Muslim' auf nationalem Boden für seine Erfindung und Exklusion überflüssig. Der Topos des ‚illoyalen', ‚betrügerischen' und ‚fanatischen Muslims' in der britischen wie US-amerikanischen Literatur des 17. Jahrhunderts findet, so die Autoren, politischen Gebrauch. Dies geschieht zum Beispiel dann, wenn die Vorstellung muslimischer Präsenz in Verhandlungen zur Schaffung einer US-Verfassung herangezogen wird. Dazu gehören etwa Debatten über die notwendige religiöse Zugehörigkeit von Kandidaten für politische Ämter und die Warnung vor der theoretischen Einwanderung von ‚illoyalen' Musliminnen und Muslimen, die anderen Herrschern dienten (ebd., 25-29). In David Goldbergs (2006) Worten repräsentiert ‚der Muslim' als Figur den Mangel an Freiheit. Ihm fehle der Respekt vor Frauen, Homosexuellen und Andersdenkenden. Er bedrohe ‚unsere' Kulturleistungen, ‚unsere' Freiheit und Sicherheit: "The Muslim in Europe – not individual Muslims, not even Muslim communities, but *the idea* of the Muslim himself – has come to represent the threat of death." (ebd., 345) Gegenwärtige Debatten über die ‚Islamisierung des Abendlandes' eröffnen demnach ein diskursives Feld, in dem die Idee des Muslims ausreicht, um ‚Ängste' und ‚Sorgen' zu artikulieren und Ansprüche auf Macht zu erheben. In Verschwörungstheorien einer ‚muslimischen Unterwanderung unserer Gesellschaft' handelt es sich im engeren Sinne um einen *antimuslimischen Rassismus ohne Musliminnen und Muslime*. Dafür steht Albrecht Glasers Vortrag über die Stufen der ‚Islamisierung' geradezu paradigmatisch. Glaser (2017a) ist verwundert, daß eine Minderheit von nur 4% das ganze Land in eine kulturpolitische Diskussion verwickeln könne. Er mißversteht bzw. instrumentalisiert die ‚Tatsachenbekundung' als Beweis für die vermeintliche Wahrheit der ‚Islamisierung', statt sie als Effekt des Rassismus zu hinterfragen. Entlang demographischer Bedrohungsszenarien prognostiziert Glaser die ‚Unterwanderung unserer Gesellschaft' (ab 5%), beschwört Gesetzlosigkeit (ab 10%), Djihad-Milizen (ab 30%), Massaker (ab 40%), Scharia und Sondersteuer für ‚Ungläubige' (ab 60%), ethnische Säuberungen und Völkermorde (80%) herauf und warnt vor dem Frieden des ‚Dar-es-Salaam' (bei 100%), der erreicht sei, wenn keine Nicht-Muslim(inn)en mehr unter Muslim(inn)en lebten (Glaser 2017a).

Folglich wird ‚der Muslim' in apokalyptischen Zukunftsszenarien heraufzubeschwören. Der imaginierte ‚Muslim von morgen' ist ein Instrument eines ideologischen Weltbildes, das Handlungen heute bestimmen, einleiten und rechtfertigen kann. Der demographisch prognostizierte Muslim manifestiert sich gedanklich in der Gegenwart und verlangt den politischen Umbruch zum Schutze Deutschlands vor ‚dem Muslim' (heute und morgen). In bestimmten Fällen wird er gar inszeniert und gespielt, wie der bemerkenswerte Fall Franco A. zeigt (*Morgenpost* am 27.4.2017): Am 30. Dezember 2015 betritt der Oberleutnant der Bundeswehr die Erstaufnahmeeinrichtung in Gießen. Er gibt sich als syrischer Geflüchteter aus und wird als Asylbewerber registriert. Der Soldat führt ein Doppelleben. Er plant einen Anschlag, den Verdacht will er auf Flüchtlinge lenken. Am 3. Februar 2017 wird er von österreichischen Polizisten festgenommen, als dieser im Putzschacht einer Toilette am Wiener Flughafen eine Pistole zurückholen will, die er dort versteckt hielt. Franco A. wartet also nicht darauf, daß ‚der Muslim' kommt, er inszeniert ihn, um ihm zuvorzukommen und den antimuslimischen Rassismus auch ohne ihn zu realisieren. ‚Der Muslim' scheint allgegenwärtig zu sein, sein Einfluß und seine Zahl werden auch in der Mitte der Gesellschaft überschätzt. Der *Ipsos Mori* Studie (2016, 4) *Perils of Perception* zufolge wird die Bevölkerungsgröße von Muslim(inn)en in Frankreich auf durchschnittlich 31% geschätzt. In Deutschland, Italien und Belgien geht man davon aus, daß ungefähr jeder Fünfte im Land Muslim(in) ist. Angesichts dessen stellt sich die Frage, welchen Anklang Vorstellungen der ‚Überfremdung' und ‚Unterwanderung' mehrheitlich finden. Tatsächlich geben 55,8% in Deutschland an, sich „[d]urch die vielen Muslime hier […] manchmal wie ein Fremder im eigenen Land" (Decker/Brähler 2018, 102) zu fühlen. Sie gehen von „vielen" Muslim(inn)en aus und entwerfen sie als Nicht-Deutsche, die Deutschland überfremden. Währenddessen plädieren 44,1 % dafür, Menschen allein entlang der Zuschreibung ‚Muslim(in)' die Zuwanderung nach Deutschland zu verbieten (ebd.). Es ist die Idee des Muslims, die folglich ausreicht, um die rassistische

Diskriminierung zu rechtfertigen, restriktive Migrations- und Asylpolitik zu fordern und die Abschottung ‚unserer' Kultur und Gesellschaft zum Schutz vor ‚dem Islam' durchzusetzen. ‚Der Muslim' ist anwesend, ohne anwesend zu sein. In Anlehnung an Jean-Paul Sartres (1954) bekanntes Zitat aus *Überlegungen zur Judenfrage*[14] liegt der Gedanke nahe, zu sagen: existierte der Muslim nicht, der Rassist würde ihn erfinden.

Darüber hinaus wird die Figur des Muslims zum instrumentellen Werkzeug, um politische Gegner als ‚Volksverräter' zu denunzieren. Regelmäßig wirft die AfD Medien, Politiker(innen) und ‚Eliten' Hörigkeit und ‚Volksverrat' vor, weil „möglichst nur islamkonforme Auffassungen im öffentlichen Raum zur Geltung kommen" (AfD-thl 2017, 112) würden. Mehr noch seien sie Teil der Verschwörung und unterwürfen sich dem Diktat der Minderheit. So vermutet Hebold (2017a) einen Plan der politischen Eliten: der Islam „soll nicht nur ein Teil Deutschlands sein; Schäuble will vielleicht ein islamisches Deutschland" (ebd.). Der Vorwurf der List und Täuschung beschränkt sich damit nicht nur auf Musliminnen und Muslime in Form der Taqiyya (AfD-thl 2017, 105), sondern wird auf die Fürsprecher des ‚Multikulturalismus' und politische Gegner(innen) ausgeweitet. Unter anderem ist Bundesjustizminister Heiko Maas beliebtes Ziel der Vorwürfe. Die AfD wirft diesem etwa vor, nach dem Terroranschlag auf *Charlie Hebdo* und einen koscheren Supermarkt in Paris eine Berliner Moschee aufgesucht zu haben (ebd., 113). Der SPD-Politiker betreibe eine „mediale Inszenierung von Muslimen als Opfer" (ebd.) und sei damit das perfekte Beispiel für eine „Selbstislamisierung" (ebd., 113). Die ‚Islamisierung' des ‚Abendlandes' werde „durch eine Art vorauseilenden Gehorsams gegenüber islamischen Vorstellungen seitens Nicht-Muslimen, insbesondere nicht-muslimischen Politikern und Personen des öffentlichen Lebens" befördert (ebd., 112f.). Die Bezeichnung des SPD-Kanzlerkandidaten Martin Schulz als

---

[14] Im Original: „existierte der Jude nicht, der Antisemit würde ihn erfinden" (Sartre 1945 [2017], 12)

„Realitätsflüchtling" (Weidel am 23.7.2017) kann als Abwandlung dieser Formel betrachtet werden. Einerseits handelt es sich um ein Wortspiel, das Schulz mangelndes Realitätsbewußtsein von der ‚Gefahr der Flüchtlingskrise' und ‚Islamisierung' vorwirft, andererseits um eine Strategie, dem politischen Gegner ein ‚Zu-viel-vom-Anderen' zu unterstellen. Gleichzeitig kursieren auch Bilder, die Bundeskanzlerin Merkel als Muslimin mit Kopftuch darstellen und ihr vorwerfen, Deutschland zu zerstören. Das islamfeindliche Internetblog *pi-news* will Merkel der ‚Islamisierung' Deutschlands überführen und bezichtigt sie der bewußten Täuschung der Bevölkerung. Merkel wolle ein islamisches Deutschland. Sie wird im dazugehörigen offenen Brief mit Kopftuch dargestellt. Im Hintergrund erscheint über dem Bundestag ein Halbmond mit Stern im verdunkelten Himmel (*pi-news* am 14.10.2016). Im März 2016 stößt eine Münchener Gala-Leserin in einem Supermarkt auf ein Hetzblatt, das offenbar von einem Kunden bzw. einer Kundin in der Zeitschrift versteckt wurde. Das Bild zeigt eine mürrische Kanzlerin mit Kopftuch, darauf Sterne der europäischen Flagge. Über der Karikatur steht geschrieben: „Deutschland schafft sich ab. Wir schaffen das." (*tz* am 15.3.2016) Doch das Bild taucht schon zuvor auch im öffentlich-rechtlichen Fernsehen auf. Im *Bericht aus Berlin* vom 4. Oktober 2015 kommentiert Moderator Rainald Becker Merkels „Wir schaffen das" und fragt, was mit ‚unseren' Werten geschehe: „Wie verändert sich das Leben, ja wie reagieren wir, wenn Flüchtlinge Probleme haben mit der Gleichstellung, mit Frauenrechten, mit Presse- und Meinungsfreiheit?" Währenddessen wird ein Bild von Angela Merkel im Tschador eingeblendet, es ragen Minarette hinter dem Bundestag hervor. Die vermeintliche Integrationsunfähigkeit von Geflüchteten, die ‚unsere' Werte nicht teilten und das Land überfremdeten, kulminiert in der Figur einer selbstislamisierten Kanzlerin als Sinnbild für die stille Unterwanderung der Gesellschaft.

Der Topos der ‚Selbstislamisierung' knüpft an den Vorwurf der ‚Rassenschande' an und wirft Betroffenen Verrat vor, sollten sie

‚rassische' bzw. kulturelle Grenzen übertreten, die ‚Leitkultur' verraten und damit zur Zersetzung des ‚eigenen' Volks aktiv beitragen. Er erinnert im Besonderen an den antischwarzen Topos der sogenannten ‚Verkafferung' weißer Europäer in Kolonien in Afrika. Der Begriff steht für „eine kulturelle Degeneration, die sich bspw. in materieller Verarmung, übermäßige[m] Alkoholkonsum, der Integration afrikanischer Sprachelemente und vor allem in deutsch-afrikanischen ‚Mischehen' ausdrückte", wie Katharina Walgenbach (2005, 382) erklärt. Walgenbach zufolge repräsentiere die Figur des ‚verkafferten' Kolonisators die Möglichkeit, die Grenzen des Dualismus zwischen ‚schwarz' und ‚weiß' zu übertreten: „Zugespitzt formuliert wird hier die drohende Transformation des Kolonisators zum ‚Anderen' beschworen." (ebd.) Ähnlich verhält es sich mit dem Vorwurf der ‚Selbstislamisierung': (‚Nicht-muslimischen') ‚Gutmenschen', ‚Volksverräter(innen)' und ‚Nestbeschmutzer(innen)', die sich dem Diktat des Multikulturalismus unterwerfen, den Islam tolerieren sowie Musliminnen und Muslime ‚hofieren', wird eine zu große Nähe zum *Anderen* vorgehalten. Ihnen wird eine Mitbeteiligung an der Abschaffung ‚unserer' Ordnung unterstellt. Damit funktioniert die ‚Islamisierung' auch ohne ‚den Muslim' und seinen unter uns zu identifizierenden Körper. Er wird in (nicht-muslimischen) Kompliz(inn)en personalisiert.

Die Figur des Muslims offenbart sich damit als politisches Werkzeug, um eine Verschwörung der Medien und der Politik zu erklären, Meinungs- und Pressefreiheit durch den Vorwurf der ‚Lügenpresse' zu unterbinden, demokratische Rechte einzuschränken und erzkonservative Gesellschaftsmodelle zu propagieren. Sie ist das Bindeglied, das Unordnungen (kulturell, religiös, politisch und sexuell) miteinander verknüpft, um der Forderung einer gesamtgesellschaftlichen Gegenordnung Gehör zu verschaffen. Die Funktion des Diskurses von der ‚Islamisierung des Abendlandes' reduziert sich dementsprechend nicht auf die Benachteiligung muslimisch markierter Menschen, sondern wird strategisch eingesetzt, um zum Beispiel auch die Gleichberechtigung von gleichgeschlechtlichen Paaren auszusetzen und heteronormative wie sexistische Ordnungen unter dem Deckmantel einer gemeinsamen Abwehrstrategie gegen den Islam zu verharmlosen, zu verdecken und zu verteidigen. Als etwa über die Einführung der gleichgeschlechtlichen Ehe in Deutschland debattiert wird, wehrt Weidel das Projekt mit dem Argument einer Gefahr der ‚Islamisierung' ab. Am 27.6.2017 twittert sie: „Ehe für alle während das Land islamisiert wird?" Das heißt, Weidel nimmt dem rechtlichen Gleichstellungsproblem von Homosexuellen in Deutschland das Gewicht und fordert stattdessen eine geschlossene Einheit gegen den Islam. In der antimuslimischen Strategie kann sie also gleichzeitig die Homophobie in den eigenen Reihen und der Gesamtgesellschaft unsichtbar machen oder für irrelevant erklären und das Problem solange vertagen, bis (wieder) der Islam als Gefahr für Homosexuelle in den Mittelpunkt rückt. Weidel schlägt also zwei Fliegen mit einer Klappe, indem sie antimuslimische Argumente für die Fortführung einer Diskriminierung von Homosexuellen einwirft, nach dem Motto ‚es gibt größere Probleme als die Gleichberechtigung von Homosexuellen, zum Beispiel den Islam', und gleichzeitig Homosexuelle in den Kampf gegen den Islam einbindet. Homophobie und antimuslimischer Rassismus bilden in diesem Beispiel eine Allianz.

Ähnlich nutzt die Bundesvereinigung der *Christen in der AfD* (ChrAfD) die Warnung vor der ‚Islamisierung' Deutschlands dazu, ihr konservatives Familienbild zu verteidigen. Sie stehe für die Ehe zwischen Mann und Frau sowie die Förderung der Familie. Dazu spricht sie sich gegen Abtreibungen aus und will zur „gegenseitigen Stärkung im Glauben" (ChrAfD Grundsatzerklärung o.J.) beitragen. Der Schutz der deutschen Sprache vor der ‚Islamisierung' findet seine Ergänzung im Kampf gegen die „Gender-Ideologie", sie sei verfassungsfeindlich, wie es im AfD Wahlprogramm heißt (WP 2017, 40). Sie marginalisiere „naturgegebene Unterschiede zwischen den Geschlechtern" und wolle die „klassische Familie als

Lebensmodell und Rollenbild abschaffen" (ebd.). Ihre Veränderung des Deutschen gilt ihr als Verstoß gegen eine vermeintliche Natur der Sprache. Damit fordert die AfD nicht nur, Musliminnen und Muslime zu beobachten, den Bau ihrer Moscheen einzuschränken und Koran-Schulen zu schließen. Darüber hinaus müsse die staatliche Finanzierung der „Gender-Ideologie" gestoppt werden (ebd.).

Musliminnen und Muslime werden also einerseits zum Sinnbild einer verfassungsfeindlichen Ideologie konstruiert, in der Frauen und Homosexuelle unterdrückt und demokratische Werte wie Presse- und Meinungsfreiheit mit Füßen getreten werden. Andererseits wehrt sich die AfD gegen die ihrerseits als verfassungsfeindlich eingestufte ‚Gender-Ideologie', um gerade traditionell heteronormative, sexistische sowie trans- und homophobe Gesellschaftsmodelle zu verteidigen, die noch zuvor als dezidiert ‚muslimische' (und deshalb nicht-deutsche) skandalisiert werden. Das rechtspopulistische Sprachrepertoire lebt von einem strategischen Widerspruch, in dem verschiedene Diskriminierungsformen miteinander verflochten und mit dem antimuslimischen Rassismus mehrheitsfähig gemacht werden.

Insgesamt geht der *antimuslimische Rassismus ohne Musliminnen und Muslime* über die Projektion ‚muslimischer' Merkmale auf muslimisch gelesene Menschen hinaus. Er funktioniert als ideologisches Weltbild, das ‚den Muslim' als Figur produziert und auf seine Realität im Sinne von Anwesenheit oder (negativen) Handlungen nicht angewiesen ist. Es wird von ihnen abstrahiert, um eine Idee des Muslims als Folie zu etablieren. Im antimuslimischen Rassismus kann die Figur des Muslims in Zukunftsszenarien heraufbeschworen und für heute relevant erklärt werden. Im *antimuslimischen Rassismus ohne Musliminnen und Muslime* sammeln sich unterschiedliche Diskursordnungen und Praktiken, die die Idee des Muslims zum Ausgangspunkt politischer Dominanzprojekte machen. Damit ähnelt er einem „Antisemitismus ohne

Juden" (Lendvai 1972), der die „projektive Figur des Juden" (Mendel/Messerschmidt 2017, 11) ohne seine tatsächliche Präsenz und Realität in ‚unserer' Gesellschaft aufrechterhält und dann abruft, wenn sie für die Erklärung von Mißständen gebraucht oder hinter einer politischen Verschwörung vermutet wird. Umso unmißverständlicher versteht sich nun Glasers (2017a) Verschwörungsmodell. Der AfD-Politiker bekräftigt die Theorie des islamfeindlichen Autors Hammond, daß wir es gegenwärtig mit der Umsetzung eines einst von saudischen Gelehrten konzipierten Kriegsplans zu tun hätten, nach dem sich Musliminnen und Muslime weltweit richteten, um Nicht-Musliminnen und Nicht-Muslime zu unterwerfen. Der Fall knüpft nahtlos an das antisemitische Pamphlet *Protokolle der Weisen von Zion* über eine von der ‚jüdischen Führung' geplante Weltverschwörung an (Benz 2011a). Er erfüllt ironischer Weise ein Motiv, das der Historiker und Politikwissenschaftler John Bunzl in dem Titel eines Kommentars zum Vergleich antisemitischer und antimuslimischer Verschwörungstheorien in *Der Standard* (am 7.12.2007) namens *Protokolle von Mekka* gewissermaßen ankündigte. In der Verschwörungstheorie der ‚Islamisierung' offenbart sich die strukturelle Nähe eines *antimuslimischen Rassismus ohne Musliminnen und Muslime* zum *Antisemitismus ohne Juden und Jüdinnen*, einem gleichermaßen wirkmächtigen ideologischen Weltbild, einer Feindschaft ohne Grund. Nicht umsonst versteht Said (1978 [1995, 27]) den europäischen Orientalismus als „a strange, secret sharer of Western anti-Semitism".

5. Fazit

Cem Özdemirs eingangs zitierte Aussage steht paradigmatisch für den gängigen Versuch, von Rassismus geprägte Verhältnisse an den rechten Rand der Gesellschaft zu verschieben. Die Opposition gegenüber der AfD inszeniert ‚uns', ‚nicht-rechtspopulistische' Parteien sowie Akteurinnen und Akteure als Garanten für Demokratie und Menschenrechte. Dadurch wird der Rassismus als Phänomen der (extremen) Rechten und als mit ‚unserer' Geschichte, Gesellschaft und Identität nicht-konforme Ausnahme verklärt, ‚unsere' Komplizenschaft in antimuslimischen Diskursen und Praktiken unsichtbar gemacht. Die AfD aus dem gemeinsamen ‚deutschen Wir' heraus zu deklinieren und den Zusammenhang zwischen ‚Deutschland' (als ‚gut') und ‚AfD' (als ‚schlecht') zu negieren, verschleiert, inwiefern die AfD-Rhetorik an gesellschaftlich verbreitete Wissensbestände über die *Anderen* anknüpft und wesentlich mit der Geschichte und Herausbildung einer deutschen „Dominanzkultur" (Rommelspacher 1998) zusammenhängt.

Ziel der vorliegenden Forschungsarbeit war es, das Islambild der AfD in eine Traditionslinie mit hegemonialen, deutschen Islamdebatten zu setzen und postkolonial zu kontextualisieren, um verschiedene Ausdrucksformen des antimuslimischen Rassismus an der Schnittstelle zum europäischen Orientalismus zu ergründen. Im Zentrum stand der Topos der ‚Islamisierung', der in den *Verhandlungen des Deutschen Kolonialkongresses* 1905 und 1910 im Berliner Reichstag Ausgangspunkt imperialer Debatten über und Politiken für den Umgang mit dem Islam und Muslim(inn)en in deutschen Kolonien in Afrika bildet. Im Konkreten wurde in dieser Forschungsarbeit die Frage nach diskursiven Bezügen vom rechtspopulistischen Islam- und Migrationsdiskurs der AfD zu den Verhandlungen des Deutschen Kolonialismus 1905 und 1910 gestellt. Im Zuge der diskurskritischen Untersuchung fokussierte die Arbeit Kontinuitäten rassifizierender Islamdebatten und arbeitete unterschiedliche Argumentationsfiguren, Motive und Strategien eines antimuslimischen Rassismus heraus.

Der Islamdiskurs der AfD manifestiert sich in den Wechselwirkungen von Kultur, Religion, Geschlecht und Sexualität. Die Verschwörungstheorie einer ‚Islamisierung' bildet das Grundgerüst einer gesamtgesellschaftlichen Vision, um kulturelle, christlich-säkulare, sexuell-geschlechtliche und sicherheitspolitische Ordnungen zu etablieren. ‚Kultur' erfüllt im antimuslimischen Rassismus eine Symbolfunktion, um muslimisch markierte Menschen zu homogenisieren (‚alle sind gleich'), zu essentialisieren (‚sie sind ihrer Kultur und Religion nach so') und zu naturalisieren (‚es ist ihnen angeboren und wird weitervererbt'). ‚Kultur' übernimmt rassifizierende Logiken und kann rassistische Leitbilder unter dem Deckmantel einer ‚legitimen Kulturkritik' mehrheitsfähig machen. Daneben offenbart sich ‚Religion' im Dualismus ‚Christentum/ Islam' als diskursives Machtinstrument, das christliche und säkulare Leitbilder miteinander verknüpft: Die ‚andere Religion' erhält eine religiöse und politische Sonderrolle, während christliche Symbole, Konzepte und Praktiken in die staatliche Ordnung eingebunden werden und in Gestalt einer ‚christlich-säkular-europäischen' Ordnung dem Islam den Kampf ansagen. Auch Geschlecht ist mit antimuslimischen Diskursen verwoben und manifestiert sich etwa in essentialisierenden Sexismus- und Homophobievorwürfen, die die Sorge um den Schutz der Frau vor dem muslimischen Mann instrumentalisieren, um ‚uns' zu entlasten, gesellschaftliche Mißstände durch die Projektion auf *Andere* zu externalisieren sowie Ausschlußmechanismen und Unterwerfung zu rechtfertigen. Bei Rückgriffen auf ‚Ängste' und ‚Sorgen' vor der Gewalt der *Anderen* handelt es sich um eine Legitimationsstrategie, um rassifizierende Diskurse mit dem Verweis auf die Muslim(inn)en vermeintlich wesensimmanente Gewaltbereitschaft zu legitimieren. Narrative des antimuslimischen Rassismus verknüpfen sich mit sicherheitspolitischen Strategien, abstrahieren Gewalttaten von muslimisch markierten Menschen zum ‚islamischen Prinzip', projizieren dieses auf muslimisch gelesene Körper und veranlassen ihren Ausschluß zu ‚unserem' Schutz.

Orientalismus und antimuslimischer Rassismus manifestieren sich zudem in den Wechselwirkungen zu anderen Ungleichheitsformen. Sie rekurrieren auf instrumentelle Dreiecksbeziehungen, die ‚uns', ‚die Muslime' und andere *Andere* hierarchisch strukturieren. Die Strategie des Teilens und Herrschens erfüllt auch in der Aufspaltung der Figur des Muslims in ‚gut' und ‚böse' den Zweck, kolonial-rassistische Disziplinierungs- und Erziehungsmaßnahmen zu rechtfertigen sowie Musliminnen und Muslime gegeneinander auszuspielen. Die Forderung nach ‚Entwicklung' und einem Islam nach ‚unserem' säkular-europäischen Maßstab wird durch den Vorwurf der Taqiyya und die Zuschreibung von Entwicklungs- und Integrationsunfähigkeiten ergänzt, um die Erzählung muslimischer Differenz und Ungleichheit zu zementieren. Die Ausschlußstrategien finden ihren Höhepunkt in demographischen Bedrohungsszenarien. Religion wird ethnisiert und Menschen entlang von Aussehen, Herkunft oder vermeintlicher Abstammung zugeschrieben. Dadurch werden essentialistische Kultur- und Religionsmerkmale von Generation zu Generation ‚weitervererbt' und naturalisiert. Um die ‚Islamisierung Europas' zu verhindern, müssen die *Anderen* dieser Logik zufolge erforscht und abgewehrt werden. Die breite Palette antimuslimischer Ausschlußstrategien und Motive kulminiert in der projektiven Figur des Muslims. Die Abstraktion des Muslims ist nicht das Resultat von Differenz, sondern erstere erschafft letztere. Gleichzeitig macht sich der Diskurs die *Anderen*, ihre Widerstände und sozialen, politischen Kontexte zu Nutze, deutet diese nach eigenen Interessen um und bettet sie in die Gesamterzählung ein. Zum einen werden so ‚muslimische Wahrheiten' auf muslimisch gelesene Körper übertragen, zum anderen funktioniert die Idee des Muslims auch ohne die Anwesenheit und Existenz von Muslim(inn)en bzw. muslimisch gelesenen Körpern. In diesem Sinne qualifiziert sich der antimuslimische Rassismus im doppelten Sinn als ein *anti-*

muslimischer Rassismus ohne Musliminnen und Muslime. Er ähnelt einem *Antisemitismus ohne Jüdinnen und Juden* und funktioniert gleichermaßen als ideologisches Weltbild, das ‚den Muslim' hinter gesellschaftlichen und politischen Mißständen vermutet bzw. seine Abwehr in Gegenwart und Zukunft fordert, selbst wenn ‚er' nicht existiert. Die Figur des Muslims nimmt die Rolle eines diskursiven Bindeglieds ein, das kulturelle, religiöse, sexuelle und politische Unordnungen verknüpft, um der Forderung einer ultimativen Ordnung Gehör zu verschaffen. Die Gefahr der ‚Islamisierung' offenbart sich damit als Abwehrstrategie, um Meinungs- und Pressefreiheit zu unterbinden, demokratische Rechte einzuschränken und konservative Gesellschaftsmodelle zu propagieren.

Insgesamt stützte sich die Forschungsarbeit auf intersektionale, rassismuskritische und postkoloniale Perspektiven. Der historische Analyserahmen machte neben Kontinuitäten orientalistischer und rassistischer Wissensregime die Flexibilität des hegemonialen Islamdiskurses offenkundig. Die Argumentationsfiguren und Exklusionsstrategien des gegenwärtigen antimuslimischen Rassismus im Diskurs der AfD lassen sich im Kontext historisch tradierter Orient- und Islamdiskurse verstehen und knüpfen wesentlich an gesellschaftlich verbreitetes Wissen über Musliminnen und Muslime an. Die Analyse rechtspopulistischer Denk- und Handlungsmuster erfordert eine intersektionale Linse, die die wechselseitige Bedingtheit verschiedener Ungleichheitskategorien in den Blick nimmt. Nicht zuletzt bieten Erkenntnisse aus der Antisemitismusforschung wichtige Anknüpfungspunkte für die Kritik des antimuslimischen Rassismus. Eine komparative Antisemitismus- und Rassismusforschung bietet sich dazu an, übergeordnete Figuren und Rassifizierungsprozesse herauszuarbeiten und die Verflechtung unterschiedlicher Ausdrucksformen von Antisemitismus und Rassismus zu berücksichtigen (Attia 2009b; Keskinkılıç 2016; Shooman 2015a). Mit dem Ansatz des *antimuslimischen Rassismus ohne Musliminnen und Muslime* eröffnet sich zudem ein Forschungsfeld, das auf eine konsequente Rassifizierungskritik jenseits einer vermeintlichen Realität ‚des Muslims' angewiesen ist. In anderen Worten sind es nicht kulturelle, religiöse oder biologische ‚Realitäten' und Differenzen der *Anderen*, die den Rassismus auslösen. Im Gegenteil manifestiert sich der Rassismus in Ideen von Kultur, Religion und ‚Rasse'. Umso interessanter sind ambivalente Subjektpositionen weißer Konvertit(inn)en, allen voran jener mit Kopftuch, für Studien zum antimuslimischen Rassismus. Neben der eigenen Kompliz(inn)enschaft in rassistischen Dominanzverhältnissen interessieren auch potentielle Diskriminierungserfahrungen, die mit dem Merkmal ‚Muslim(in)' zusammenhängen. Die Frage, wie ihre Zugehörigkeiten im Spannungsfeld ‚deutsch/muslimisch' verhandelt werden, ist dabei für die Analyse rassifizierender Diskursmechanismen von besonderem Interesse. Es geht in anderen Worten um jene Diskurse, die den Ein- und Ausschluß in und aus dem Kollektiv entlang der Regel ‚weiß/nicht-weiß' regulieren, also um Weißsein als Differenz- und Machtkategorie. Inwiefern können weiße Konvertit(inn)en – analog zu ‚selbstislamisierten' Deutschen – zur Zielscheibe von anti-muslimischen Anfeindungen und Ausschlüssen werden? Um sich diesen Fragen der Sichtbarkeit und Zugehörigkeit zu nähern, kann es nützlich sein, sich mit Phänomenen des *Passing* und der ‚Selbstverkafferung' bzw. ‚Selbstislamisierung' kritisch auseinanderzusetzen, da sie die Eindeutigkeit binärer Kategorien in Frage stellen, auf Grenzerfahrung und ambivalente Verortungen verweisen und Irritationsmöglichkeiten zum Ausdruck bringen. Beim *Passing* geht es darum, daß einige rassifizierte Menschen die Erfahrung machen, kontextabhängig als weiß durchzugehen. Aischa Ahmed (2005, 270) zufolge bedeutet *Passing*, „als jemand anders zu passieren, als jemand anderes wahrgenommen zu werden oder auch irgendwo durchzukommen, an Grenzen, bei Auswahlverfahren etc. Passing im ersten Sinne könnte auch als Wechsel des Repräsentationsregimes oder Ausbruch aus demselben verstanden werden". Ahmed interessiert sich in ihrem Artikel für die Erfahrungen schwarzer Frauen mit *Passing*. Sie fragt danach, wie sie beide Sphären verhandeln und wie Rassifizierung bei jenen funktioniert, die als weiß passieren können. Interessant bleibt in dem Zusammenhang, daß ihre Un/Sichtbarkeit keiner universellen Konstante entspricht, sondern grundlegend von den jeweiligen Kontexten abhängt, in denen sie sich bewegen, also von Mechanismen und Regeln der Fremdkonstruktion entlang relevant gemachter Kategorien. Währenddessen interessiert sich Katharina Walgenbach (2005) auf der anderen Seite für die Frage, wie Diskurse der ‚Selbstverkafferung' im europäischen Kolonialismus die Gefahr einer Grenzübertretung von ‚weiß' in Richtung ‚schwarz' inszenieren. Unter dem Phänomen verstehe man im Kolonialdiskurs „eine kulturelle Degeneration, die sich bspw. in materieller Verarmung, übermäßige[m] Alkoholkonsum, der Integration afrikanischer Sprachelemente und vor allem in deutsch-afrikanischen ‚Mischehen' ausdrückte" (ebd., 382). Walgenbach geht davon aus, daß Weißsein „kein primordial gegebenes Merkmal zu sein" scheint und ruft in Erinnerung, daß sogenannte ‚verkafferte Europäer' gemäß des Koloniallexikons als „ein verlorenes Glied der weißen Bevölkerung" (zit. nach Walgenbach 2005, 382) betrachtet werden. Daß ‚verkafferten' Europäern, genauso wie ‚selbstislamisierten' Deutschen, jedoch prinzipiell die Option offen steht ‚zurückzukehren', steht sinnbildlich für die Funktion eines naturalisierten Privilegs von Weißsein, das anderen, als nicht-weiß markierten Subjekten versagt bleibt. Darin liegt das entscheidende Kriterium des Rassismus: in der Homogenisierung, Essentialisierung und Naturalisierung von Differenz. Nichtdestotrotz tritt in den skizzierten Phänomenen deutlich zu Tage, daß Weißsein ein soziales Konstrukt ist und auf sozialer Performanz beruht: Das heißt, Weißsein muß stetig performiert werden, um die Erzählung weißer Dominanz und Überlegenheit aufrechtzuerhalten und den Ausschluß als nicht-weiß Markierter begründen zu können. Es ist die weiße Mehrheitsgesellschaft, die darüber entscheidet und reguliert, wer im Diskurs unter welchen Gesichtspunkten und Regeln als weiß gilt und wer nicht. Entsprechend können auch Studien zum antimuslimischen Rassismus von Zugängen der kritischen Weißseinsforschung profitieren. Dieser etwas sperrig anmutende Begriff ist die deutsche Übersetzung einer US-amerikanischen Forschungsrichtung namens *Critical Whiteness*, die sich dadurch auszeichnet, daß ‚weiß' als sozial konstruierte und kontextabhängige (Macht-)Kategorie definiert wird, die wesentlichen Einfluß auf die Regulierung sozialer Beziehungen einnimmt. Diese Macht manifestiert sich wirkmächtig in Wissen(schaft), Kulturgütern, politischen Beziehungsmustern sowie dem gesellschaftlichen Selbstverständnis (Eggers/Kilomba/ Piesche/Arndt 2005). Letztendlich beschränkt sich die Figur des Muslims nicht auf die Realität von ‚Herkunft', ‚Religion', ‚Kultur' oder ‚Körperdifferenzen'. Sie ist das Produkt hegemonialer Dominanzverhältnisse, die *Andere* (diskursiv) produzieren, in nationalen Meistererzählungen verwerten und für die Selbstvergewisserung einer sich als weiß imaginierenden Eigengruppe beanspruchen – und das selbst dann, wenn ‚der Muslim' nicht einmal (hier*)* ist.

Exkurs:
Antimuslimischer Rassismus und Antisemitismus im Vergleich – Kontroversen und Beziehungen

Im Zuge der Analyse in diesem Buch wurde an einigen Stellen auf aus dem Antisemitismus bekannte Topoi hingewiesen, die im antimuslimischen Rassismus ein Ventil finden. Diesen Sachverhalt nehme ich zum Anlaß, um mich in diesem Exkurs kontroversen Debatten über das Verhältnis zwischen Antisemitismus und antimuslimischem Rassismus zu widmen. Die Kontroverse zeigt sich, als im Oktober 2018 das *Jüdische Museum Berlin* in Kooperation mit der *Humboldt-Universität zu Berlin* und der *Alice Salomon Hochschule Berlin* zur internationalen Islamophobie-Konferenz einlädt. *Living with Islamophobia* lautet der Titel der zweitätigen Tagung, die sich das Ziel setzt, die Erfahrungen von Muslim(inn)en und als solche wahrgenommenen Menschen in den Mittelpunkt der Analyse zu rücken. Diese Perspektive ist notwendig, gerade um die Effekte rassistischer Diskurse und Praktiken auf Betroffene in den Blick zu nehmen und ihren Lebensrealitäten gerecht zu werden. Somit setzt die Konferenz ein wirksames Zeichen, nicht nur für die wissenschaftliche Debatte in Deutschland und den internationalen Austausch mit Wissenschaftler(innen) aus Großbritannien, Irland, Österreich, den USA und Kanada, sondern auch für eine deutliche Absage gegen den sich in der Mitte der Gesellschaft artikulierenden antimuslimischen Rassismus.

Nichtsdestotrotz stößt die Konferenz auch auf Ablehnung. *Was ist am Jüdischen Museum noch jüdisch?* kritisiert etwa Alan Posener in *DIE WELT* (05.09.2018). Der Autor unterstellt einigen Referent(inn)en der Tagung sowohl, Antisemitismus und Israelhaß zu schüren als auch Verbindungen zur Muslimbruderschaft zu unterhalten. Zudem wundert sich Posener darüber, daß „(i)n Zeiten des grassierenden Antisemitismus eine Konferenz über Islamophobie" (ebd.) abgehalten werde. Daß der Antisemitismus noch immer eine Realität darstellt, steht, wie der *Zweite Bericht des Unabhängigen Expertenkreises* (UEA 2017) zeigt, außer Frage. Daß es nicht bei der Verbreitung antisemitischer Bilder und Verschwörungstheorien bleibt, bezeugen Statistiken zu Straf- und Gewalttaten. Die *Recherche- und Informationsstelle Antisemitismus Berlin* (RIAS) stellt am 25. Oktober 2018 ihren Bericht zu antisemitischen Vorfällen von Januar bis Juli 2018 vor. Insgesamt werden 527 Vorfälle allein in Berlin erfaßt. Darunter fallen 18 Angriffe, 21 gezielte Sachbeschädigungen, 18 Bedrohungen, 401 Fälle verletzenden Verhaltens sowie 69 antisemitische Massenzuschriften. Umso begrüßenswerter ist die Einsetzung eines Antisemitismusbeauftragten durch die Bundesregierung und die Etablierung eines bundesweiten Monitoring. Im November 2018 wird nach dem Vorbild von RIAS ein Verein zur bundesweiten Koordinierung von Meldestellen antisemitischer Vorfälle gegründet.

Es fehlen vergleichbare Strukturen, die den antimuslimischen Rassismus (auch unter Berücksichtigung muslimischer Erfahrungswerte) gezielt erfassen können. Erst seit 2017 werden islamfeindliche Straftaten gesondert in der Kriminalstatistik erfaßt. Mindestens 950 Mal waren Musliminnen und Muslime sowie muslimische Einrichtungen im Jahr 2017 Ziel eines islamfeindlichen Angriffs, wie aus der Antwort des Bundesinnenministeriums auf eine Anfrage der Linksfraktion im Bundestag hervorgeht (*DIE ZEIT* am 03. März 2018). Darunter fallen u.a. körperliche Angriffe auf Musliminnen und Muslime auf offener Straße, Drohbriefe sowie Anschläge auf Moscheen und andere muslimische Einrichtungen. Zwischen Januar und September 2018 zählt die Polizei 578 islamfeindliche Straftaten (*DIE ZEIT* am 13. Dezember 2018). Im Vergleich zum Vorjahr nimmt die Zahl der Verletzten zu. Insgesamt wird die Dunkelziffer rassistisch motivierter Straf- und Gewalttaten jedoch weit höher geschätzt, weil Kriterien für die Erfassung fehlen, diesbezüglich auf keinen gesellschaftlich geteilten Minimalkonsens zurückgegriffen werden kann und Strafverfolgungsbehörden auch dann antimuslimischen

Rassismus nicht erkennen oder als solchen aufnehmen, wenn er entsprechenden wissenschaftlichen Kriterien entspricht. Daß antimuslimischer Rassismus zudem auch töten kann, zeigt der Mord an Marwa el-Sherbini am 1. Juli 2009 im Dresdener Landgericht während einer Gerichtsverhandlung nur zu gut.[15] Der 1. Juli wird im Jahr 2015 vom *Rat muslimischer Studierender & Akademiker* (RAMSA) in Gedenken an el-Sherbini als Tag gegen antimuslimischen Rassismus ausgerufen.

Der eingebrachte Vorwurf, daß in Zeiten eines grassierenden Antisemitismus eine Konferenz über den antimuslimischen Rassismus gehalten wird, ist demnach ein beunruhigendes Zeichen dafür, daß der antimuslimische Rassismus in seinem Ausmaß unterschätzt und bagatellisiert, in manchen Fällen sogar geleugnet wird. Darüber hinaus wird damit die Kritik des Antisemitismus gegen eine Kritik des antimuslimischen Rassismus ausgespielt. Regelmäßig werden in gesellschaftlichen Debatten Topoi einer selbstverschuldeten Diskriminierung ins Feld geführt, um Rassismusvorwürfe im Sinne einer Täter-Opfer-Umkehr abzuwehren und den antimuslimischen Rassismus zu ent-thematisieren. So beschwert sich auch Posener darüber, daß „Kritiker des muslimischen Opferdiskurses und des Islamismus […] bei diesem […] Event nicht zu Wort" kämen (ebd.). Die Konferenz ist in den Augen des Autors eine „Propagandaveranstaltung" (ebd.). Dem Urteil schließen sich auch andere Stimmen widerspruchslos an, darunter Ralf Fischer in der *Jungle World* (am 20.09.2018) mit einem Artikel unter dem bedenkenswerten Titel „Jüdisch in Anführungszeichen" oder auch Elio Adler, Vorsitzender des Vereins *WerteInitiative. jüdisch-deutsche Positionen*, der die Konferenz „als Teil einer Gleichmacherei" von Antisemitismus und antimuslimischem Rassismus einstuft (ebd.). Auch Clemens Heni zögert in seinem Artikel *How German is the Jewish Museum in Berlin* in *The Times of Israel* (am 27.1.2019) nicht, Organisator(inn)en und Referent(inn)en der

---

[15] Zur Rezeption des Mordes in deutschen Printmedien und im deutschsprachigen Internet siehe Attia/Shooman (2010).

Konferenz "anti-Zionist politics or the downplaying if not affirmation of Islamism" zu unterstellen. Den Direktor des Jüdischen Museums Peter Schäfer bezichtigt Heni des Antisemitismus und sieht ihn für eine vermeintlich pro-arabische und anti-israelische Museumspolitik in Verantwortung. Erst kürzlich widerspricht Schäfer der jüngsten Kritik des israelischen Präsidenten Netanyahu an der aktuellen Ausstellung *Welcome to Jerusalem* und weist dessen Vorwürfe vom Dezember 2018 zurück, das Museum unterstütze „antiisraelische Aktivitäten" (*Morgenpost* am 23.1.2019). Schäfer beklagt, daß die Kritik auch aus Kreisen komme, die mit dem israelischen Präsidenten sympathisierten und wollten, „dass die Politik dieser Regierung auch in einem jüdischen Museum in Deutschland verwirklicht werden müsse" (*ebd.*). Kritikerinnen und Kritikern teilt das Museum deshalb mit, daß das Thema der Ausstellung „nicht der israelisch-palästinensische Konflikt und der Alleinvertretungsanspruch Israels auf Jerusalem [ist], auch wenn diese Kritiker es gerne so hätten" (ebd.).

Jedoch vermutet Heni (2019), daß den Islamismus zu ignorieren „core element of Schaefer's ideology" sei. Der Museumsdirektor folge darin gar seiner Mitarbeiterin Yasemin Shooman, die er dezidiert als „a Muslim co-worker" vorstellt – als gelte die religiöse Zuschreibung als entscheidendes Indiz. Ihre anti-israelische Haltung sei genauso offensichtlich, wie „the fantasy of Jewish-Muslim cooperation" (ebd.), für den Kritiker offenbar ein unsinniges Hirngespinst, wie es scheint. Er resümiert, daß es sich bei der Einrichtung um „an anti-Jewish Museum" mit einer „pro-Islam as well as post- or anti-Zionist agenda" (ebd.) handele.

Sowohl die hier skizzierten Reaktionen auf die Konferenz *Living with Islamophobia* als auch die Anschuldigungen gegen das *Jüdische Museum Berlin* zeigen, mit welcher Vehemenz Argumente gegen die Thematisierung des antimuslimischen Rassismus und der Erfahrung von Muslim(inn)en in den Vordergrund gerückt werden und zudem die Rassismus-Debatte mit gängigen Stereotypen und Vorwürfen abgewehrt wird. Außerdem wird deutlich, daß das Nachdenken über mögliche Interrelationen, Gleichzeitigkeiten und Spezifika von antimuslimischem Rassismus und Antisemitismus – dafür steht der Veranstaltungsort des Jüdischen Museums offenbar sinnbildlich – nicht selten auf Ablehnung stößt oder gar angefeindet wird. Die Erfahrung von Muslim(inn)en sowie Jüdinnen und Juden miteinander in Beziehung zu setzen, provoziert, es sei denn, Musliminnen und Muslime werden im Verhältnis zu Jüdinnen und Juden als Täter(innen) und eigentliche Antisemit(inn)en problematisiert.

Kontroverse Debatten, umstrittene Vergleiche
Der Vergleich von Antisemitismus und antimuslimischem Rassismus ist in wissenschaftlichen Auseinandersetzungen Ausgangspunkt kontroverser Debatten. Farid Hafez (2017a) sieht den Anthropologen Matti Bunzl als einen wichtigen Initiator einer lebendigen, wissenschaftlichen Diskussion zum Thema. Im Jahr 2005 veröffentlicht Bunzl den Artikel *Anti-Semitism and Islamophobia: Hatreds Old and New in Europa*. Später griffen, so Hafez in seiner Zusammenfassung zum aktuellen Stand der Disziplin, verschiedene Monographien und Sammelbänder das Thema auf, darunter *Zwischen Antisemitismus und Islamophobie. Vorurteile und Projektionen in Europa und Nahost* (Bunzl/Senfft 2008), *Antisemitismus und Islamophobie: ein Vergleich* (Schiffer/Wagner 2009) sowie *Islamophobie und Antisemitismus – ein umstrittener Vergleich* (Botsch et al. 2012). In Deutschland zählen Yasemin Shooman (2008, 2015a) und Wolfgang Benz (2009) zu prominenten Verfechtern einer komparativen Perspektive. Im Dezember 2008 lädt das *Zentrum für Antisemitismusforschung* (ZfA), dessen Leitung Benz zu dieser Zeit innehat, zur Konferenz *Feindbild Jude – Feindbild Muslim* ein, um das Verhältnis von Antisemitismus und Islamophobie zu bestimmen. Benz erkennt in antimuslimischen Feindbildern Parallelen zum Antisemitismus, seinen Stereotypen und Konstrukten. Der analytische Transfer aus der Antisemitismusforschung trage dazu bei, Ressentiments

gegenüber anderen Minderheiten zu analysieren, Dynamiken und Funktionen von Feindbildern zu ergründen (Benz 2009, 18). Doch das Vorhaben stößt auf harsche Kritik. Benz wird zur Zielscheibe von Anschuldigungen und Angriffen im Netz, er „trivialisiere" den Holocaust, verharmlose den Antisemitismus und setze ihn mit dem antimuslimischen Rassismus gleich (Jansen 2008). In der Vorankündigung der Dokumentation zur Tagung *Islamfeindschaft und ihr Kontext* heißt es im Wortlaut: „Die teilweise heftigen Reaktionen in der Presse, in Internetforen und in der Bloggerszene, überwiegend ohne Kenntnis der Vorträge verfasst, gaben Anlass, die Tagung zu dokumentieren." (Metropol Verlag 2009) Indes wird die Konferenz in der *Jungle World* (am 18.12.2008) für gescheitert erklärt. Autor Stefan Krauth mißfällt Benz' Projekt, wie er unmißverständlich mit dem belustigenden Titel „Antiislamosemitophobismus" zu verstehen gibt. Der Konferenz gelinge es nicht, so Krauth, die Feindbilder „stimmig zu vergleichen" (ebd.). Es mangele an klaren Begriffsdefinitionen. Die Analogien hält er für überzogen, die wesentlichen Unterschiede und Besonderheiten des Antisemitismus kämen zu kurz. Tatsächlich können von der Kritik an der Tagung drei wesentliche Argumentationsstränge abgeleitet werden, die Vorbehalte gegen einen Vergleich des Antisemitismus mit dem antimuslimischen Rassismus begründen und von einer komparativen Forschungsperspektive abraten. Kontroversen entzünden sich erstens mit Blick auf die Singularitätsthese und die Erfahrung der Shoah, zweitens auf der Ebene der jeweiligen Projektionsbilder und drittens auf Basis der Einstufung des Antisemitismus als ideologisches Weltbild ohne Grund. Im Folgenden stelle ich die herangezogenen Unterscheidungskriterien zur kritischen Diskussion.

Zu den am häufigsten eingebrachten Einwänden gegen einen Vergleich zwischen Antisemitismus und antimuslimischem Rassismus zählt zweifelsohne die Sorge vor einer Relativierung der Singularität des Antisemitismus. Die Einzigartigkeit wird in der Regel von der Erfahrung der Shoah abgeleitet. Einige

Wissenschaftler(innen) unterstreichen den eliminatorischen Charakter des Antisemitismus und erkennen darin einen markanten Unterschied zum Rassismus (Horkheimer/Adorno 1988, Herf 2007, Mendel/Uhlig 2017). Doch die These, der Antisemitismus ziele im Vergleich zum Rassismus auf die ‚Vernichtung' von Jüdinnen und Juden ab, kommt zu kurz. Zum einen reicht der Antisemitismus nicht als alleiniger Erklärungsstrang aus, um die massenhafte Ermordung von Jüdinnen und Juden im Nationalsozialismus ausreichend zu erklären (Attia 2018a, Bauman 1989). Darüber hinaus zeugen historische wie auch aktuelle Beispiele durchaus von Ausprägungen des Antisemitismus, die auch ohne genozidale Verfolgungen funktionieren können. Aus der Singularität der Shoah läßt sich in anderen Worten nicht unbedingt eine Singularität des Antisemitismus ableiten. Zum anderen unterschlägt die These, daß auch Rassismen in Genozide münden können. Das belegen der Völkermord an muslimischen Bosniern in Srebrenica oder der Porajmos, also der Genozid an Sinti(ze) und Rom(nj)a im Nationalsozialismus, genauso wie der Völkermord an Herero und Nama in der ehemaligen Kolonie ‚Deutsch-Südwestafrika', dem heutigen Namibia, nur allzu gut. Mit Blick auf letztere, erklärt Iman Attia (2018, 22): „[J]edes dieser Verbrechen blickt auf eine eigene Geschichte zurück und gründet auf einem spezifischen Rassismus bzw. Antisemitismus. Gleichwohl bleibt keiner dieser deutschen Genozide von den anderen unberührt und ist allein auf die […] rassistischen und antisemitischen Logiken zurückzuführen." Zudem gibt Shooman (2015a) zu bedenken, daß in aktuellen, wissenschaftlichen Vergleichen zwischen Antisemitismus und antimuslimischem Rassismus keinesfalls der Nationalsozialismus oder die Shoah als zentrale Referenzpunkte dienen. Es fänden sich Anknüpfungspunkte für einen Vergleich stattdessen „in den vielfältigen anderen Ausprägungen des Antisemitismus, die aus dem Blickfeld geraten, wenn man ihn einzig in Verbindung mit dem Holocaust betrachtet" (ebd., 150f.).

Ein zweites Unterscheidungskriterium, das in Abgrenzungsversuchen des Antisemitismus zum antimuslimischen Rassismus bemüht wird, bezieht sich auf die jeweiligen Projektionsbilder. So bemerkt schon Birgit Rommelspacher (2009), daß sich der Antisemitismus im psychoanalytischen Sinne von sogenannten Über-Ich-Projektionen nähre. Das heißt Jüdinnen und Juden werde „ein Zuviel an Intelligenz, Reichtum und Macht" (ebd., 26) zugeschrieben, während im Rassismus Es-Projektionen überwiegen. Tatsächlich scheint auf den ersten Blick im Falle des antimuslimischen Rassismus nicht ein Zuviel an Intelligenz, sondern ein Zuviel an Rückständigkeit die Angst vor der Unterwanderung zu beflügeln. Gleichwohl arbeitet auch die Verschwörungstheorie der ‚Islamisierung' mit Motiven der Macht und eines vermeintlich zunehmenden Einflusses von Muslim(inn)en. Zudem übersieht das Argument Formen des Antisemitismus, die ebenso auf Es-Projektionen fußen. Dafür steht die Figur des ‚armen, schmutzigen, primitiven und kranken Ostjuden' geradezu beispielhaft (Shooman 2015a, 153; Gilman 2005 [2009], 396). Auch das aus dem kolonialen Sprach- und Bildrepertoire bekannte Motiv der pathologisierten (Hyper-)Sexualität gehört zum antisemitischen Einmaleins. Wenn also Missionsinspektor Froberger (1905) im Rahmen der in diesem Buch behandelten Kolonialkongresse im Berliner Reichstag vor der sexuellen Gefahr des Islams in deutschen Kolonien warnt und Musliminnen und Muslime für die Ausbreitung der Syphilis verantwortlich macht (ebd., 529f.), dann geschieht dies in einem Kontext weit verbreiteter antisemitischer Erzählungen, die Jüdinnen und Juden mit der Syphilis in Verbindung bringen, die angebliche Ausformung ihrer Nase auf die ihnen zugeschriebene Geschlechtskrankheit zurückführen und ‚arische Frauen' vor ‚lüsternen, triebhaften Juden' warnen (Gilman 2005 [2009], 397). Interessanterweise scheut sich Froberger im gleichen Atemzug nicht davor, „Mohammedanern" und Araber(inne)n eine „semitische Gewandtheit" (1905, 530) im wirtschaftlichen Handel nachzusagen. Damit liefert er ein weiteres eindrückliches

Beispiel für „the invention of the Semites" im 19. Jahrhundert, wie Gil Anidjar (2008) das Phänomen bezeichnet und auf eine Zeit verweist, in der „whatever was said about Jews could equally be said about Arabs, and vice versa" (ebd., 18). Schon Edward W. Said (1976 [1995]) behauptet im Orientalismus „a strange, secret sharer of Western anti-Semitism" erkannt zu haben (ebd., 27), ohne die These weiter auszuführen. Achim Rohde (2005) nimmt Saids Argument zum Anlaß, um andersherum auf orientalistische Bilder im Antisemitismus hinzuweisen. Rohde zufolge gehört die Assoziation des europäischen Judentums mit dem ‚Orient' vom 18. bis 20. Jahrhunderts zum wesentlichen Bestandteil weit verbreiteter antisemitischer Vorstellungen. Jüdinnen und Juden seien orientalisiert worden und ihrer „orientalischen Natur" nach als Angehörige einer integrationsunfähigen „südlichen Rasse" stigmatisiert worden (ebd., 388-392). Die semantischen Überschneidungen zeigen, daß die Trennung zwischen Antisemitismus und antimuslimischem Rassismus entlang des Unterscheidungskriteriums Über-Ich vs. Es-Projektionen die Bandbreite antisemitischer Vorstellungen untergräbt und Anknüpfungspunkte zum (Kolonial-)Rassismus aus dem Blickwinkel geraten. Ähnlich verhält es sich auch mit der regelmäßig ins Feld geführten *Figur des Dritten* im Antisemitismus. Jüdinnen und Juden wird vorgeworfen, nationale und politische genauso wie eindeutige Geschlechter- und Sexualitätsgrenzen zu übertreten. Sie gelten als unklassifizierbar und gefährden den Erhalt der Reinheit vermeintlich natürlicher Kategorien und eindeutiger Dualismen: „'Der Jude' ist hier [im antisemitischen Bewußtsein] einerseits Weltbeherrscher und Parasit, lüstern und verklemmt, bolschewistisch und finanzkapitalistisch, patriarchal und feminin, Imperialist und Marionette, vergeistigt und triebhaft" (Mendel/Uhlig 2017, 261). Zum einen unterschlagen Mendel/Uhlig, daß das im Antisemitismus kursierende Bild eines ewig wandernden Volkes ohne eigenen Staat, das ‚unsere' Grenzen übertritt, irritiert und gefährdet, auch im Rassismus gegenüber Sinti(ze) un Rom(nj)a in Erscheinung tritt. Zum anderen übersehen sie die Relevanz widerstreitender Motive im Orientalismus und antimuslimischen Rassismus, die sowohl auf der Geschlechter und Sexualitätsebene als auch mit Blick auf Religion, Kultur und Politik besondere Anknüpfungspunkte zu einer undurchschaubaren und grenzübertretenden *Figur des Dritten* bieten. Ausgehend von Darstellungen ‚des Juden' als effeminierten Orientalen und Homosexuellen verweist Rohde etwa auf die Vielschichtigkeit orientalistischer Diskurse, in denen auch sexualitäts- und geschlechtsambivalente Dimensionen zu Tage treten. Rohde widerspricht einer homogenen Lesart des Orientalismus und ergänzt:

> Zwar wurde die verschleierte Frau in der europäischen Wahrnehmung zu einem mächtigen Symbol für die Rückständigkeit des Orients und diente als Legitimation für eine angeblich zivilisatorische Intervention Europas mit dem Ziel der Befreiung und Modernisierung des Orients. Doch war der Schleier immer auch Zeichen einer sich dem westlichen Blick widersetzenden Unsichtbarkeit und Undurchschaubarkeit des Orients, die sowohl bedrohlich als auch anziehend wirkte und nicht zuletzt auf die Vielschichtigkeit der eigenen Identität verwies. (ebd., 397)

‚Der Orient' knüpft an die ‚jüdische' Undurchschaubarkeit, Grenzübertretung und Ambivalenz an. Er ist in seinen Bildern widersprüchlich, barbarisch und anziehend, minderwertig und doch mystisch, ja dem europäischen Auge unnahbar und verschlossen. Umso notwendiger scheint also die Intervention, einzugreifen, ‚ihn' zu durchschauen, ‚seine' Geheimnisse zu lüften, ‚ihn' vollkommen zu (er-)kennen. Die Figur des Muslims tritt das Erbe dieses merkwürdigen ‚Orients' jenseits europäischer Geschlechter- und Sexualitätsnormen an. In seinem islamfeindlichen Internetblog *Die Verheerung Europas* beklagt sich der ehemalige AfD-Stadtratskandidat in Berlin-Lichtenberg Wolfgang Hebold im Blogeintrag *Der Kopftuchmoslem* (vom 31. März 2016): „Wenn aber eine Frau nicht zeigen will, dass sie eine Frau ist – warum soll man ihr dann noch als Frau begegnen? Ist es da nicht weitaus angebrachter, sie überhaupt gar nicht erst als Frau wahrzunehmen?"

Er plädiert dafür, muslimische Frauen mit Kopftuch als „neutrales Wesen" und „es" anzusprechen. „This woman who sees without being seen frustrates the colonizer. There is no reciprocity. She does not yield herself, does not give herself, does not offer herself", erklärt schon Frantz Fanon (1965, 44), ein wichtiger Wegbereiter der postkolonialen Kritik. Die ‚verschleierte', muslimische Frau entzieht sich dem Blick des ‚Europäers', aus Frustration, ‚sie' nicht fassen zu können, wird sie in die Geschlechts- und Sexualitätslosigkeit verbannt und entmenschlicht. Die muslimische Frau steht also ganz im Sinne der *Figur des Dritten* für ein geschlechtsambivalentes Wesen. Sie bewegt sich gar zwischen Leben und Tod bzw. repräsentiert den lebendigen Tod, wie eine sich in rechten Internetforen verbreitende Zeichnung zum Ausdruck bringt, die eine schwangere, muslimische Frau mit Burka als Skelett mit einer Bombe als Bauch darstellt (Shooman 2014a, 97). Die Frau ohne Geschlecht und Sexualität ist gleichermaßen hypersexualisiert, eine biologische Gefahr. Denn nicht zuletzt ihre Gebärfähigkeit wird in antimuslimischen Narrativen als Waffe einer demographischen Bedrohung umgedeutet, wodurch die muslimische Minderheit als Kraft imaginiert wird, die das Deutschtum, seine Institutionen und Werte, seine Kultur und Identität von innen zersetzt. Analog zu Jüdinnen und Juden *als Dritten* kursieren im antimuslimischen Rassismus also ebenso widersprüchliche Narrationen über das religiöse, kulturelle und politische Wesen ‚des Muslims': Ihm wird vorgeworfen, Frauen nicht die Hand zu geben und gleichzeitig Frauen zu begrabschen; den Sozialstaat auszunutzen und gleichzeitig Arbeitsplätze zu stehlen oder sich nicht zu integrieren und gleichzeitig auch noch Mitspracherecht und Teilhabe zu fordern, es etwa zu wagen, mit Kopftuch Lehrerin oder Richterin werden zu wollen und damit ‚unsere' Neutralität zu übergehen. Sowohl Musliminnen und Muslime als auch Jüdinnen und Juden werden in Ketten sich gegenseitig stabilisierender Argumentationen gelegt, und in die Idee einer unüberbrückbaren Differenz zu und einer Gefahr für ‚uns' eingesperrt. Daran knüpft im Besonderen die sich in historischen wie aktuellen Islamdebatten herauskristallisierende

Etikettierung des Islams als ‚Nicht-Religion' und ‚Zu-viel-Religion' an. Der Islam sei ‚Nicht-Religion', weil politische Ideologie und ‚hyperreligiös', weil nicht säkular (vgl. Kapitel „Christlich-säkulare Un/Ordnungen"). Musliminnen und Muslime übertreten also, wie schon Froberger (1905) in seiner Warnung vor der „Halbkultur" und „Scheinkultur" (ebd., 536) des Islams ausdrückt, reine Kategorien. Sie stellen ‚uns' vor die Herausforderung, sie eindeutig zu klassifizieren. Ähnlich wie Jüdinnen und Juden gaukeln auch Musliminnen und Muslime ‚Kultur' und ‚Zivilisation' vor. Sie verstecken sich hinter mangelhaften Fassaden, betrügen und lügen, was ihre wahre Natur betrifft, und bewegen sich entsprechend jenseits ‚unserer' Normensysteme, so die Logik.

Ein drittes Argument, das in Vergleichen zwischen Antisemitismus und antimuslimischem Rassismus als Unterscheidungskriterium herangezogen wird, betrifft die Definitionen der jeweiligen Phänomene. So heißt es etwa in der *Grundsatzerklärung Antisemitismus*, (JFDA 2018, H.i.O.) der Antisemitismus sei **„keine beliebige Diskriminierungsform"**, es müssten „die Besonderheiten der über Jahrhunderte ausgeprägten Judenfeindschaft berücksichtigt werden". Auch Monika Schwarz-Friesel und Evyatar Friesel (2012, 29) betonen, Antisemitismus stelle „nicht ein Vorurteilssystem unter vielen dar, sondern zeichnet sich als ein irrationales und konzeptuell geschlossenes Weltbild aus, das nicht mit anderen Formen von Rassismus oder Xenophobie verglichen werden kann". Daraus folge (wieder) die Einzigartigkeit des Antisemitismus als „eine Feindschaft ohne Grund gegenüber Juden, eine Abneigung ohne empirische Basis, gekoppelt an negative, unreflektierte Gefühle und mentale, nicht verifizierte Stereotype, [...]" (ebd., 30). Sowohl das Argument einer antijüdischen Feindschaft ohne reale Bezugspunkte als auch der Einwand, der Antisemitismus sei keine beliebige Diskriminierungsform suggerieren im Umkehrschluß, daß es sich bei Rassismen im Allgemeinen und dem antimuslimischen Rassismus im Speziellen um beliebige Diskriminierungsformen handele, um rationale Feindbilder mit Grund. Differenzierungsversuche dieser Art sind irreführend und problematisch. Zum einen können sie dazu verleiten, Rassismen als Reaktionen auf ‚tatsächliche' Differenz zu deuten und Betroffenen im Sinne eines *victim blaming* Schuld an ihrer Diskriminierungserfahrung zu geben, weil die Feindschaft einen empirisch nachvollziehbaren Grund hätte und aus den Lebenskontexten der Opfer und ihrem Verhalten abgeleitet werden könnte. Zum anderen verkennt die These, daß es im Spezifikum jedes Rassismus liegt, sein Objekt im Zuge hegemonialer Unterwerfung zu erfinden. Um Machtansprüche geltend zu machen, werden im Rassismus kollektive Erklärungsstränge im sozialen Umfeld gesucht und erfunden, um damit Ungleichbehandlung zu erklären. Das Zitieren angeblicher Fakten und Beweise für das Sein, Denken und Verhalten der *Anderen* folgt der Logik des Rassismus. Im Rassismus dienen die *Anderen* als abstrakte Repräsentationen der Differenz. In diesem Sinne handelt es sich auch im Falle antimuslimischer Diskurse und Praktiken um einen *antimuslimischen Rassismus ohne Musliminnen und Muslime* (siehe Kapitel *Die Figur des Muslims*). Schlußendlich steht auch die Figur des Muslims im Zeichen einer Komplexitätsreduktion, einer vereinfachten Deutung der Welt. In diesem Weltbild repräsentiert ‚der Muslim' die Unsicherheit ‚unserer' Zeit. Er gilt als allumfassende Bedrohung – sexuell, politisch, kulturell und religiös – für ‚unsere' Gesellschaftsordnung. Der antimuslimische Rassismus wird dadurch als Selbstschutz oder gar als Recht einer sich als Opfer der Minderheit imaginierenden Mehrheit inszeniert und normalisiert.

Antisemitismus und antimuslimischer Rassismus sind trotzdem nicht identisch. Beide Phänomene blicken jeweils auf eigene Entstehungsgeschichten und besondere Spezifika zurück. Antisemitismus ist wesentlich von der Geschichte des christlichen Antijudaismus und seinen Motiven geprägt. Dazu gehören Vorwürfe der Brunnenvergiftung und des ‚Gottesmordes' oder der Verdacht, Jüdinnen und Juden würden aus dem Blut entführter und ermordeter Kinder Pessachbrot backen (Staffa 2017) bis hin zur Figur des Juden als Vampir (Odessky 2013). Andersherum kennt auch der antimuslimische Rassismus spezifische Ausdrucksformen und Besonderheiten im Vergleich zu anderen Diskriminierungen und Rassismen. Er hängt unmittelbar mit der Geschichte des europäischen Kolonialismus und Orientalismus, seinen Strukturen und Mechanismen im ‚Nahen Osten' zusammen. Er greift im Besonderen auf das wirkmächtige Bild ‚der muslimischen Frau' in „Kopftuchmonologen" (Attia 2018b), ihrer ‚Befreiung', Disziplinierung und Kontrolle zurück und re-aktualisiert kolonialrassistische Motive der Entschleierung und ‚Zivilisierung'. Obwohl antimuslimischer Rassismus und Antisemitismus nicht gleich sind, führen starre Differenzlinien dazu, ein unterkomplexes Bild zu zeichnen. Benz zufolge sei etwa selbst der Vorwurf der Brunnenvergiftung an Jüdinnen und Juden 1321 in Südfrankreich „mit der Beschuldigung verknüpft, Muslim*innen hätten sie dazu angestiftet" (Benz 2011, 176). Andersherum spielt die religiöse Kopfbedeckung, allen voran die Kippa, auch in antisemitischen Übergriffen eine nicht unwesentliche Rolle und dient, ähnlich zum muslimischen Kopftuch, als Differenzmarker. Antisemitismus und antimuslimischer Rassismus haben mehr miteinander zu tun, als gemeinhin angenommen wird. Historisch-komparative Perspektiven geben einen Eindruck über wichtige Gemeinsamkeiten, Beziehungen und Unterschiede.

1492 und die *limpieza de sangre*
Auch der antimuslimische Rassismus ist kein neues Phänomen, sondern eine Erscheinungsform des Rassismus, die auf eine jahrhundertealte Tradition zurückblickt und mit der Entstehung der Moderne zusammenhängt (Attia/Keskinkılıç 2016). So blicken sowohl der Antisemitismus als auch der antimuslimische Rassismus gleichermaßen auf einen wichtigen historischen Bezugspunkt im Jahr 1492 auf der iberischen Halbinsel zurück, wie Attia (2018) erklärt. Das Jahr symbolisiere die Konstitution einer europäisch-christlichen Identität, die sich im Zuge kolonialer Expansionsprojekte nicht nur im Verhältnis zu einem übersee-

ischen Außen herausbildet, wenn ‚Neue Welten' ‚entdeckt' und erschlossen werden, sondern auch in Abgrenzung zu einem inneren Außen (ebd., 36f.). Das Jahr der sogenannten Entdeckung Amerikas durch Christoph Kolumbus falle mit dem Fall Granadas in Al-Andalus an die katholisch-spanische Krone zusammen. Im Zuge der sogenannten *Reconquista* wird, wie Max Sebastián Hering Torres (2006) in seinem Buch *Rassismus in der Vormoderne* herausarbeitet, eine Ära der gesellschaftlichen Umstrukturierung eingeläutet. 1492 erlassen die Monarchen Isabella von Kastilien und Ferdinand von Aragon ein Vertreibungsedikt, das Jüdinnen und Juden vor die Wahl stellt, zu konvertieren oder das Land zu verlassen. Doch Massenkonversionen schützen die ‚Neuchristen' oder ‚conversos', wie die Betroffenen genannt werden, nicht vor Diskriminierung und Verfolgung. Das juristische Konstrukt der sogenannten *limpieza de sangre*, der ‚Reinheit des Blutes', definiert Jüdinnen und Juden nach Blutsabstammung als solche (ebd., 15f.). Sie werden der Illoyalität, Lüge und List bezichtigt und verdächtigt, zu ‚judaisieren'. Letztendlich werden sie vertrieben.

Auch Musliminnen und Muslime werden vor die Wahl gestellt, zu konvertieren oder zu migrieren und stehen fortan im Fokus diverser Disziplinierungs- und Kontrollmaßnahmen. So berichtet François Soyer (2018, 131) von einem 1526 in Granada erlassenen Assimilationsprogramm, wonach ehemalige Musliminnen und Muslime sowie ihre Nachfahren, sogenannte ‚Moriscos', verpflichtet sind, sich wie Christ(inn)en zu kleiden. Neben der muslimischen Verschleierung von Frauen wird auch die arabische Sprache und Schrift verboten, Bücher werden beschlagnahmt. Freitags und sonntags müssen die Zwangskonvertierten ihre Haustüren offen halten, um sicherzugehen, daß sie kein Freitagsgebet verrichten und am christlichen Sonntag nicht arbeiten (ebd.). Wie Jüdinnen und Juden sind auch Musliminnen und Muslime von den in Universitäten, religiösen Orden, Stadträten und der Inquisition eingeführten ‚Statuten zur Blutreinheit' betroffen, die Individuen zwischen ‚unrein' und ‚rein' unterscheidet. Denn von reiner Blutsabstammung zu sein bedeutet, wie Hering Torres (2006) schreibt, „frei von jüdischer, moslemischer oder andersgläubiger ‚Beflekkung' zu sein (ebd., 15). In anderen Worten gelten also

> Menschen, die von Andersgläubigen abstammen, obwohl sie selbst oder ihre Vorfahren bereits zum Christentum konvertiert waren, […] nach jenem Dogma als ‚befleckt'. […] Das heißt, alle jüdischen und moslemischen Nachfahren, die zum Christentum übergetreten waren, waren einzig und allein aufgrund ihrer Abstammung gesellschaftlich und beruflich diskreditiert, unabhängig davon, ob sie fromme Christen geworden waren (ebd., 15-16).

Ab 1571 werden weitere Maßnahmen zur Lösung des ‚Morisco'-Problems diskutiert. Darunter etwa „die massenhafte Deportation aller *morisc@s* in das unfruchtbare Ödland Nordamerikas", Versklavung und Arbeitszwang bis zum Tod, Kastration und Sterilisation sowie Verschiffung und Ertränkung (Soyer 2018, 138). Diese Überlegungen werden aber nicht umgesetzt. Stattdessen kommt es unter Philipp II 1609 zur Massenvertreibung von 300.000 ‚Moriscos' an die Küsten Nordafrikas. Soyer spricht in diesem Zusammenhang von einem "bemerkenswert gut organisierten und ausgeführten Akt ethnischer Säuberung" (ebd., 139).

Am Beispiel der *limpieza de sangre* läßt sich die Umschreibung des christlichen Antijudaismus zum einem biologistisch begründeten Antisemitismus schon im 15.Jahrhundert beobachten. Außerdem zeigt der Fall eindrücklich, wie eng die Geschichte des Antisemitismus mit jener des antimuslimischen Rassismus verwoben ist und sich schon damals Religion, Kultur und ‚Rasse' miteinander verflechten:

> Die Konstruktion *der Juden* und jene *der Muslime* gründet demnach nicht auf einer Differenz, die aufgrund von Machtkonstellationen instrumentalisiert oder ins Extrem getrieben wurde. Nein, sie bringt diese Differenz als *rassische* hervor. Das bedeutet freilich nicht, dass es keine Jüdinnen*Juden und auch keine Muslim*innen gebe, wohl aber dass *Juden* und *Muslime* Konstruktionen sind. An diesem Punkt über-

schneiden sich die Rassialisierung von *Juden* und *Muslimen*, an diesem Punkt ist von Rassismus zu sprechen,

betont Attia (2018, 39). Die auf der iberischen Halbinsel bedienten Vorwürfe der Illoyalität, der List und Lüge, der stillen Unterwanderung und Übernahme der sich als europäisch und christlich definierenden Mehrheitsgesellschaft finden im Zuge aufkommender Assimilationsdebatten im 18. und 19. Jahrhundert einen Höhepunkt. Studien zum antimuslimischen Rassismus greifen die gegen Jüdinnen und Juden gerichteten Argumentationen auf, um auf aktuelle Analogien in der Integrationsdebatte hinzuweisen, wie im folgenden Kapitel gezeigt wird.

Integration/Assimilation und die Gefahr der Unterwanderung

„Es wird immer Juden geben, die nichts sind als deutsch redende Orientalen", lautet das klare Urteil des deutschen Historikers und Publizisten Heinrich von Treitschke (1879 [2003], 12). Der Gegner der jüdischen Emanzipation löst 1879 mit seinem Aufsatz *Unsere Aussichten* den sogenannten Berliner Antisemitismusstreit aus und stellt darin die Assimilationsbereitschaft deutscher Jüdinnen und Juden in Frage. Treitschke fordert, „[s]ie sollen Deutsche werden, sich schlicht und recht als Deutsche fühlen […]; denn wir wollen nicht, daß auf die Jahrtausende germanischer Gesittung ein Zeitalter deutsch-jüdischer Mischcultur folge" (ebd.). Seine Forderung kulminiert in einer grundlegenden Infragestellung, ob Jüdinnen und Juden, sollten sie sich assimilieren wollen, dazu überhaupt in der Lage wären. Jüdinnen und Juden gelten als illoyal, sie werden bezichtigt zu lügen und zu betrügen. Deshalb sollen Talmud-Schulen kontrolliert, religiöse Texte und Predigten in die deutsche Sprache übersetzt werden. Ansprüche nach Dominanz, Sehnsüchte nach Homogenität und der Vorwurf, die religiös-kulturelle Minderheit sei nicht assimilationsfähig, überfremde hingegen die deutsche Gesellschaft, finden in den Thesen des ehemaligen Berliner Finanzsenators Thilo Sarrazin und seinem

Bestseller *Deutschland schafft sich ab* eine bemerkenswerte Aktualität. Der Erziehungswissenschaftler Micha Brumlik bezeichnet Sarrazin gar als „den Treitschke des 21. Jahrhunderts" und weist auf strukturelle Analogien zwischen historischem Antisemitismus und aktuellen Islamdiskursen hin (Brumlik 2012, 76ff.) Shooman (2015a) arbeitet Analogien zwischen Treitschkes und Sarrazins Ausführungen im Detail aus und vertritt die These, der zufolge „auch ein Teil der heutigen Konflikte um den Islam […] sich durch eine voranschreitende gesellschaftliche Partizipation erklären" ließe (ebd., 132). In Sarrazins Buch taucht der auch in rechten Internetforen gebräuchliche Taqqiya-Vorwurf auf, wie Shooman feststellt, wonach Musliminnen und Muslime in der Pflicht stünden, ‚Ungläubige' zu täuschen und zu belügen. Analog zur Denunziation und Zitation des Talmuds in antisemitischen Schriften des 19. Jahrhunderts werden antimuslimische Kollektivzuschreibungen mit dem Verweis auf den Koran untermauert, Angehörigen des Judentums, respektive des Islams, Illoyalität, Betrug und Täuschung gegenüber der Mehrheitsgesellschaft vorgeworfen (ebd., 133). Gleichermaßen werden Muslim(inn)en heute wie Jüdinnen und Juden damals einerseits mit der Forderung nach Integration bzw. Assimilation konfrontiert, während andererseits zeitgleich ihre Bereitschaft und Fähigkeit dazu gänzlich in Frage gestellt werden. Die Integrations- und Assimilationsforderung verdeckt einen Topos der unentrinnbaren Differenz und rekurriert auf das Gefahrenszenario des Verlusts deutscher Identität und Kultur. Treitschkes Warnung vor einer deutsch-jüdischen „Mischcultur" und der Einwanderung polnischer Jüdinnen und Juden aus dem ‚Osten', die das Deutschtum in Gefahr bringen, wird in Debatten über Migration, Multikulturalismus und die Fertilitätsrate von Muslim(inn)en in Gestalt demographischer Bedrohungsszenarien re-aktualisiert (ebd., 134f.). Sowohl bei Treitschke als auch bei Sarrazin erkennt Shooman den Topos einer selbst verschuldeten Ablehnung, der Selbstviktimisierung und der Täter-Opfer-Umkehr (ebd., 135f.).

Negative Kollektivzuschreibungen für Musliminnen und Muslime begründen so den Ausschluß der Minderheit aus dem öffentlichen Raum. Konflikte um den Bau repräsentativer Moscheen stehen sinnbildlich für die Problematisierung der *Anderen*, ihr Verdrängen an den Rand der Gesellschaft. Ähnlich stehen Debatten im 19. Jahrhundert um die Errichtung von Synagogen für gesellschaftliche Ausschlußmechanismen entlang religiöser Trennlinien und die damit einhergehenden Kämpfe um Anerkennung und Gleichberechtigung (Königseder 2009, 25f.). So kommt auch Benz (2011b, 183) zu dem Schluß, daß in antimuslimischen Diskursen „mit Stereotypen gearbeitet wird, die aus der Antisemitismusforschung bekannt sind, etwa der Behauptung, die jüdische bzw. die islamische Religion sei inhuman und verlange von ihren Anhängern unmoralische oder aggressive Verhaltensweisen gegenüber Andersgläubigen". Entsprechend findet die Verschwörungstheorie einer ‚Islamisierung' des ‚Abendlandes' im antisemitischen Topos der ‚Verjudung' eine begriffliche Analogie. Sie reicht von Motiven der Überfremdung und Unterwanderung bis hin zu einer subtilen Spielart der *Protokolle der Weisen von Zion*, die in gewisser Weise als eine Art ‚Protokolle von Mekka' in Erscheinung tritt: Der AfD-Politiker Albrecht Glaser (2017a) referiert im Wahlkampf über einen angeblich von den obersten Islam-Gelehrten Saudi-Arabiens erdachten Kriegsplan zur Weltherrschaft, dem alle Musliminnen und Muslime im Stillen und Geheimen Folge leisten würden (vgl. die Kapitel *Demographische Bedrohungsszenarien* und *Die Figur des Muslims*).

Gestützt wird der Diskurs einer fremden Übernahme durch das Gegensatzpaar ‚Muslim/Deutsch' bzw. ‚Jude/Deutsch' als sich gegenseitig ausschließende, miteinander unvereinbare Kategorien, mit entsprechender Konsequenz für gesellschaftliche Teilhabe und Rechte. Schon Ende des 19. Jahrhunderts ebnet dieser Diskurs den Weg zur Forderung, Jüdinnen und Juden aus Deutschland zu verbannen. Gefälschte Bahnfahrkarten mit dem Aufdruck „Fahrkarte nach Jerusalem: hin und nicht wieder zurück" tauchen 1893 auf

Bahnhöfen in Berlin, Frankfurt/Main und Köln auf (Enzenbach 2017, 243.). Heute greifen Rechtsextreme auf dieses Motiv zurück. Sie verschicken imitierte Rück-Flugtickets in die Heimat an Menschen mit vermeintlich nicht-deutschen Namen (ebd., 238). Daß sich das rassistische Propagandamittel mit orientalistischen Motiven verweben läßt, zeigt der Fall eines Aufklebers der Deutschen Volksfront in Würzburg aus den 1990er Jahren (ebd., 246). Der muslimische Mann, die verschleierte Frau und ihre vielen Kinder werden samt ihrer Fremdheit auf einem fliegenden Teppich in den ‚Orient' zurückgeschickt. Die Ablehnung von Muslim(inn)en und als solche markierte Menschen als gleichberechtigte und authentische Staatsbürger(innen) erreicht im Angriff des AfD-Politikers Alexander Gauland gegen die ehemalige Integrationsbeauftragte der Bundesregierung Aydan Özoğuz ein erschreckendes Ausmaß. Gauland empört sich über einen Wortbeitrag der stellvertretenden SPD-Vorsitzenden zur ‚Leitkultur'-Debatte, wonach eine „spezifisch deutsche Kultur [...], jenseits der Sprache, schlicht nicht identifizierbar" sei (FAZ am 28.8.2017). Bei einer Wahlkampfveranstaltung im thüringischen Eichsfeld fantasiert Gauland über ihre „Entsorgung" in „Anatolien" (ebd.).

Gleichzeitigen und Verschränkungen: Antisemitismusvorwürfe und das ‚jüdisch-christliche Abendland'
Das komplexe Beziehungsgeflecht zwischen antimuslimischem Rassismus und Antisemitismus geht über Ähnlichkeiten in Stereotypen und Diskursanalogien hinaus. Sowohl beide Ungleichheitsformen als auch Angehörige der jeweiligen Gruppen werden in spezifischer Weise in Bezug zueinander adressiert und in gesellschaftlichen Dominanzverhältnissen gegeneinander ausgespielt.

Die neuerdings beliebte Formel eines ‚christlich-jüdischen Abendlandes' in Abgrenzung zu anderen Minderheiten im Allgemeinen und Muslim(inn)en im Speziellen nimmt eine Symbolstellung ein. Philosemitische Selbstpositionierungen und eine ausdrückliche ‚Israelsolidarität' erfreuen sich gerade in islamfeindlichen

Kreisen großer Beliebtheit, wie Shooman (2014b) am Beispiel des Blogs *Politically Incorrect* zeigt. Die Unterstützung Israels resultiere zum einen aus rassistischer Motivation gegen Musliminnen und Muslime, zum anderen lasse sie sich als Abwehrstrategie gegen Rassismusvorwürfe instrumentalisieren (ebd., 51f.). Der plakative Philosemitismus sei jedoch brüchig, „sobald Jüdinnen und Juden sich nicht mehr in antimuslimische Argumentationen einbinden lassen" (ebd., 53). Divergieren ihre politischen Positionen zum Thema Islam und im Umgang mit Muslim(inn)en, werden auch sie zum Angriffsziel, mitunter des Verrats an ‚westlichen' Werten und Idealen bezichtigt. Debatten rund um rituelle Beschneidung und das Schächten sind Ausdruck dieser ambivalenten Position zwischen den Fronten, die je nach Kontext neu gezogen werden. Wie Shooman feststellt, sollen Jüdinnen und Juden in diesem funktionalistischen Verhältnis den Zweck erfüllen, politischen Agenden zu folgen und sich den Prinzipien der Mehrheitsgesellschaft zu unterwerfen. Widerspruch werde mit Ausschluß sanktioniert und nicht selten in antisemitischer Tradition artikuliert. Die Strategie wird auch innerhalb der AfD gerne bedient, um vom Antisemitismus in den eigenen Reihen abzulenken und einen vorgehaltenen Anti-Antisemitismus für den Kampf gegen den Islam und die Diskriminierung von Muslim(inn)en zu instrumentalisieren und sich mit Jüdinnen und Juden als gemeinsame Opfer von Muslim(inn)en zu imaginieren (Keskinkılıç 2018).

Im Opfernarrativ vermengt sich der antimuslimische Rassismus im Besonderen mit dem sekundären Antisemitismus, einer speziellen Ausprägungsform nach dem Zweiten Weltkrieg, bei der Schuld an nationalsozialistischen Verbrechen und Erinnerung an den Holocaust abgewehrt und Jüdinnen und Juden zu Tätern konstruiert werden, während ‚wir Deutsche' die eigentlichen Opfer seien. Jan Lohl (2017) analysiert rechtspopulistische Propagandareden und arbeitet heraus, wie sich sekundär-antisemitische Vorstellungen über den Umweg des antimuslimischen Rassismus artikulieren. Ähnlich zum Antisemitismus würde der antimuslimische Rassismus die „Figur des deutschen Volkes als Opfer" (ebd., 283) bedienen. Lohl zeigt, wie NS-Motive Eingang in die Konstruktion des Islams als Feindbild finden und führt das Beispiel einer Rede von Tatjana Festerling im Mai 2016 in Graz an. Festerling sagt:

> Es ist zutiefst unwürdig, die Leistungen unserer Vorfahren nicht zu ehren, die mit ihrem Leben für die Freiheit gekämpft haben, und sich stattdessen heute mit Koransuren und den grausamen Ideen eines toten Psychopathen beschäftigen müsse. Der Islam gehört nicht zu Europa. Und deshalb ist jedes Mittel recht, sich diesem Vernichtungsfeldzug gegen Europa entgegenzustellen. Zeigen wir Widerstand auf der Straße. (zit. nach ebd., 294).

Sie greift auf die Erinnerung an den antifaschistischen Kampf zurück, um den Islam mit dem Nationalsozialismus gleichzusetzen und ‚Deutsche' wie ‚Europäer(innen)' als Opfer eines „Vernichtungsfeldzugs" zu imaginieren. Lohl spricht in diesem Zusammenhang sogar von einer „sekundär-antisemitische[n] Funktion des antimuslimischen Rassismus" (ebd., 296): „Schuld und Täterschaft werden dann nicht mehr wie im sekundären Antisemitismus an Juden und Jüdinnen wahrgenommen, sondern muslimische Migrant_innen projektiv zu Täter_innen nach nationalsozialistischem Vorbild gemacht." (ebd., 296) In gewisser Weise werden also Jüdinnen und Juden trotz des Umwegs über die Figur des Muslims (mit-) gemeint und (mit-) angegriffen. Es trete eine antisemitische Projektion an Muslim(inn)en in Erscheinung, die sich zwar stellvertretend für Jüd*nnen und Juden artikuliere, jedoch weiterhin unbewußt Jüdinnen und Juden meine: „Aus der vorgeschlagenen psychoanalytischen Perspektive kann der antimuslimische Rassismus sekundär-antisemitisches Fühlen, Handeln und Denken *psychisch* gleichsam mit repräsentieren." (ebd., 298) Lohls Ausführungen zeigen also, daß Jüdinnen und Juden von dieser Instrumentalisierung nicht unberührt bleiben.

Inwiefern antimuslimischer Rassismus und sekundärer Antisemitismus eine Verbindung miteinander eingehen können, zeigen zwei konkrete Beispiele aus dem letzten Jahr: Im Oktober 2018 werden in Recklinghausen vier Stolpersteine mit den Namen von Frauen überklebt, die vermeintlich Opfer von Flüchtlingen geworden sein sollen (*Recklinghäuser Zeitung* am 01.10.2018). Normalerweise tragen die goldenen Pflastersteine die Namen von Holocaust-Opfern. In diesem Fall werden Geflüchtete zu Nazis, ‚Deutsche' zu ihren Opfern gemacht. Einen Monat später werden am 11. November 2018 insgesamt zwölf Grabsteine muslimischer Grabstätten auf dem Northeimer Stadtfriedhof mit roter Farbe beschmiert (*HNA* am 11.11.2018). Unter anderem sprühen die Täter Hakenkreuze auf die Grabsteine. Dabei werden die Namen der Verstorbenen auf den Grabsteinen unkenntlich gemacht. Der Fall ist doppeldeutig: Unklar bleibt, ob Musliminnen und Muslime als Nazis bezeichnet werden oder ein Angriff gegen lebende Musliminnen und Muslime von Nazis angekündigt wird. Unbestreitbar ist aber, daß sich die antimuslimische Tat im Kontext deutschlandweiter Erinnerungen an die Novemberpogrome artikuliert. In Anlehnung an Lohls Argument zeigt sich auch in diesem Beispiel ein Ventil mit sekundär-antisemitischer Funktion im antimuslimischen Rassismus. Der Antisemitismus wird auf dem Feld der Erinnerung im Allgemeinen und dem der Figur des Muslims im Speziellen ausgetragen.

Darüber hinaus gibt es Phänomene, in denen die Verknüpfung keine symbolische bleibt. Die Gleichzeitigkeit von antimuslimischen und antisemitischen Motiven zeigt sich zum Beispiel bei PEGIDAs Montagsdemonstrationen in Dresden. Zwar mobilisieren sich ‚besorgte Bürger(innen)' dezidiert gegen ‚die Islamisierung des Abendlandes', protestieren gegen Asyl und Migration und skandieren Parolen gegen Migrant(inn)en sowie Musliminnen und Muslime (Keskinkılıç 2015). Nichtsdestotrotz bleiben sie gleichzeitig antisemitischen Traditionen treu und können das Feindbild ‚Jude' gezielt einbinden. In einem Interview für das Panorama Magazin im Dezember 2014 erklärt ein

Demonstrant: „Man muss erstmal die Leute aufklären, dass wir kein souveränes Land sind mit keiner souveränen Regierung. Dass die Befehle aus Tel Aviv und Washington kommen. Und die USA, die USA wird wieder regiert von der AIPAC, einer jüdischen Lobby, das hat nichts mit Rechtslastig zu tun, das ist Tatsache." (Panorama 2014) Einen Schritt weiter geht eine Besucherin des KOPP-Verlagskongresses. Merkel, die noch unter dem Topos der ‚(Selbst-)Islamisierung' als Muslimin mit Kopftuch imaginiert wird, die der stillen Unterwanderung den Weg bereitet, wird nun zur Jüdin:

> Die meisten Asylanten haben ja auch Deutschland bekommen und da würde ich sagen das kommt jetzt daher, weil wir Deutschen – eben durch Hitler. Wir sind die Nazis und die Frau Merkel ist ja eine halbe Jüdin. Ihre Mutter war Jüdin. Und das ist irgendwie eine Rache. Von Merkel eigentlich auch, deshalb stellt sie sich zur Verfügung uns Deutschen gegenüber. (extra 3/ NDR 2016)

Daß einerseits im Motiv der ‚Islamisierung' aus dem Antisemitismus bekannte Bilder des Betrugs, der Lüge und Zerstörung von innen ein Ventil finden und andererseits ‚Merkel als Muslimin' und ‚Merkel als Jüdin' eins zu eins austauschbar sind, führt das Zusammenspiel antisemitischer und antimuslimischer Verschwörungstheorien vor Augen. Die Figur des Juden und die des Muslims als fremde, übermächtige Instanzen, die ‚unser' Land im Stillen und Heimlichen lenken, stehen in einer bemerkenswerten Wechselwirkung. Denn ‚der Jude', der sich samt seiner bedrohlichen Eigenschaften und Fähigkeiten in der Figur ‚des Muslims' subtil andeutet, wird seinerseits mit antimuslimischen Elementen verknüpft, wie auch die ungarische Variante der Erzählung zeigt: Viktor Orbán, Ministerpräsident Ungarns, bezichtigt nämlich den jüdischen Unternehmer George Soros, Europa zu ‚islamisieren', Musliminnen und Muslime sowie Migrant(inn)en zu importieren (Hafez 2017b). Orbán greift also auf antisemitische Parolen zurück und reichert sie mit Narrativen des antimuslimischen Rassismus an. ‚Der Jude' wird nicht nur als Strippenzieher vermutet, der sich die Migration und den Islam zu Nutze macht, um ‚Europa' zu zerstören. Vielmehr wird er der dämonischen Allianz mit ‚dem Muslim' überführt, der seinerseits mit antisemitischen Zuschreibungen überstülpt wird.[16] Antisemitismus und antimuslimischer Rassismus gehen Hand in Hand.

Fazit
Antimuslimischen Rassismus mit Antisemitismus in Beziehung zu setzen bedeutet nicht, ihn mit diesem gleichzusetzen. Der analytische Vergleich unterliegt schon gar nicht der Vorstellung einer linearen Abfolge von neuen auf alte Feindbilder oder der Idee, Muslime seien die neuen Juden. Analogien dieser Art negieren die Gleichzeitigkeit von Machtverhältnissen, ihr komplexes Aufeinanderwirken und ihre Verschränkungen. Interessant ist in diesem Zusammenhang der Umgang mit Stereotypen und Feindbildern, die nicht mehr offen artikuliert werden dürfen. Mit anderen Worten:

> Sollte es also möglich sein, dass hier eine Verschiebung stattgefunden hat derart, dass das, was gegen Juden nicht mehr gesagt werden darf, nun gegen Muslime gerichtet wird? Das würde ein düsteres Licht auf die Auseinandersetzung mit Antisemitismus der letzten Jahrzehnte werfen. Dann würde der antimuslimische Rassismus […] in seiner gegenwärtigen Form auch den Antisemitismus meinen. (Attia 2009b, 88)

Umso wichtiger ist eine intersektionale Machtkritik, genauso wie der direkte Austausch sowie die gegenseitige Rezeption der Antisemitismusforschung und jener zum antimuslimischen Rassismus. Eine antisemitismussensible Rassismusforschung versäumt es nicht, jüdische Erinnerungen und Erfahrungen in antirassistischen und machtkritischen Überlegungen mitzudenken und den

---

[16] Die gegenwärtige Vorstellung einer jüdisch-muslimischen Verschwörung findet gewissermaßen einen historischen Prototypen in den Beschuldigungen der Reformationszeit, Jüdinnen und Juden stünden heimlich im dämonischen Pakt mit Türk(inn)en (Benz 2011, 176).

Antisemitismus, seine besonderen Ausprägungsformen, Kontinuitäten und Transformationen zu berücksichtigen, etwa dann, wenn Jüdinnen und Juden unter dem Vorwand einer Kritik an der israelischen Regierungspolitik kollektiv stigmatisiert und diskriminiert werden oder Kritik am Staat Israel mit antisemitischen Stereotypen aufgeladen wird. Eine rassismussensible Antisemitismusforschung verliert Diskurse und Praktiken nicht aus dem Blick, die aus dem Antisemitismus bekannte Topoi im antimuslimischen Rassismus im Deckmantel einer ‚Islamkritik' verwerten. Sie erkennt auch, wenn ein generalisierter Antisemitismusvorwurf oder eine vorgehaltene Solidarität mit Israel instrumentalisiert werden, um Musliminnen und Muslime im Allgemeinen sowie Palästinenser(innen) im Speziellen zu dämonisieren und zu diskriminieren, ihre Erfahrungen zu leugnen und ihre Erinnerungen zu verdrängen. Das Problem tritt sowohl in den eingangs beschriebenen Anschuldigungen gegen die *Living with Islamophobia* Konferenz als auch in den Angriffen gegen das *Jüdische Museum Berlin* offen zu Tage. Solidarität und Allianzen unter Jüdinnen, Juden und Muslim(inn)en bleiben deshalb, auch angesichts rechtspopulistischer Erfolge und des sich in der Mitte der Gesellschaft weiter normalisierenden Dominanzanspruchs gegenüber Minderheiten, von entscheidender Bedeutung (Keskinkılıç/Langer 2018). Es geht in anderen Worten darum, gleichzeitig antisemitismus- und rassismuskritisch zu sein, statt Ungleichheiten zu hierarchisieren und marginalisierte Gruppen gegeneinander auszuspielen.

Quellen und Literatur

AfD WP: *Wahlprogramm der Alternative für Deutschland für die Wahl zum Deutschen Bundestag am 24. September 2017*, Köln 2017. https://www.afd.de/wp-content/uploads/sites/111/2017/06/2017-06-01_AfD Bundestagswahlprogramm_Onlinefassung.pdf, zuletzt aufgerufen am 9.12.2017.

AfD GP: *Das Grundsatzprogramm der AfD*, Stuttgart 2016. https://www.afd.de/wp-content/uploads/sites/111/2017/01/2016-06-27_afd-grundsatzprogramm_web-version.pdf, zuletzt aufgerufen am 9.12.2017.

AfD-thl (Hrsg.): *Der Islam. Fakten und Argumente*, Erfurt 2017. 3. Auflage, verfaßt von Dr. Michael Henkel. http://afd-thl.de/buch-der-islam-fakten-und-argumente/, zuletzt aufgerufen am 9.12.2017.

AfD Landesverband Berlin: *Wahlplakat*, Berlin 2017. https://www.emma.de/sites/default/files/styles/width_986px_2by1/public/upload/field_teaser_image_flat/2016/09/plakat-afd_f.jpg?itok=cxpjKBQL, zuletzt aufgerufen am 1.12.2017.

AfD TV: *Kleinwächter (AfD). IS als Feind erkannt, aber Islam gehört zu Deutschland?* Berlin, 21.11.2017. https://www.youtube.com/watch?v=K5ksxp1Ue50, zuletzt aufgerufen am 14.1.2018.

Ahmed, Aischa: *„Naja, irgendwie hat man das ja gesehen". Passing in Deutschland – Überlegungen zu Repräsentation und Differenz*. In: Eggers, Maureen Maisha; Kilomba, Grada; Piesche, Peggy; Arndt, Susan (Hrsg.): Mythen, Masken und Subjekte. Kritische Weißseinsforschung in Deutschland, Münster (UNRAST) 2005. S. 270-282.

Amir-Moazami, Schirin: *Wer spricht wie für wen und warum? Zur Anerkennung, Authentizität und Repräsentation von Muslimen unter liberal-säkularen Bedingungen*. In: Bertelsmann Stiftung (Hrsg.): Vielfältiges Deutschland. Bausteine für eine zukunftsfähige Gesellschaft, Gütersloh (Bertelsmann) 2014. S. 357-377.

Anidjar, Gil: *Semites. Race, Religion, Literature*. Stanford, California (Stanford University) 2008.

Anidjar, Gil: T*he Jew, the Arab. A History of the Enemy*. Stanford, California (Stanford University) 2003.

Asad, Talal: *Formations of the Secular. Christianity, Islam, Modernity*. Stanford, California (Stanford University) 2003.

Attia, Iman: *Den Rassismus gibt es nicht. Zum Verhältnis von Antisemitismus und antimuslimischem Rassismus*. In: Keskinkılıç, Ozan Zakariya/ Langer, Armin (Hrsg.): Fremdgemacht & Reorientiert. jüdisch-muslimische Verflechtungen, Berlin (Yilmaz-Günay) 2018a. S. 21-44.

Attia, Iman: *Diskursive Interventionen in westliche Kopftuchmonologe*. In: Ceylan R., Uslucan HH. (Hrsg.): Transformation religiöser Symbole und religiöser Kommunikation in der Diaspora, Wiesbaden (Springer VS) 2018b. S. 141-155.

Attia, Iman: *Was ist besonders am antimuslimischen Rassismus rechter Argumentationen?* In: Aktionsbündnis gegen Gewalt, Rechtsextremismus und Fremdenfeindlichkeit; Rosa Luxemburg Stiftung Brandenburg (Hrsg.): Die neue Bewegung von rechts, Potsdam 2017. S. 10-15.

Attia, Iman/Keskinkılıç, Ozan: *Rassismus und Rassismuserfahrung. Entwicklung – Formen – Ebenen*, Berlin 2017. Schriftenreihe des Instituts für Demokratie und Zivilgesellschaft (IDZ): Wissen Schafft Demokratie – Diskriminierung Nr. 02. S. 116-125.

Attia, Iman/ Keskinkılıç, Ozan: *Antimuslimischer Rassismus.* In: Mecheril, Paul (Hrsg.): Handbuch Migrationspädagogik, Weinheim/Basel (Beltz) 2016. S. 168-182.

Attia, Iman/ Häusler, Alexander/ Shooman, Yasemin: *Antimuslimischer Rassismus am rechten Rand*, Münster (UNRAST) 2014.

Attia, Iman: *Antimuslimischer Rassismus in bester Gesellschaft.* In: Dies.; Häusler, Alexander; Shooman, Yasemin (Hrsg.): Antimuslimischer Rassismus am rechten Rand, Münster (UNRAST) 2014. S. 9-33.

Attia, Iman: *Privilegien sichern, nationale Identität revitalisieren Gesellschafts- und handlungstheoretische Dimensionen der Theorie des antimuslimischen Rassismus im Unterschied zu Modellen von Islamophobie und Islamfeindlichkeit*, Gießen (Psychosozia) 2013. Journal für Psychologie, Jg. 21/1. S. 1-30.

Attia, Iman/ Shooman, Yasemin: *„Aus blankem Hass auf Muslime". Zur Rezeption des Mordes an Marwa el-Sherbini in deutschen Printmedien und im deutschsprachigen Internet.* In: Hafez, Farid (Hrsg.): Jahrbuch für Islamophobieforschung, Wien (new academic) 2010. S. 23-46.

Attia, Iman: *Die „westliche Kultur" und ihr Anderes. Zur Dekonstruktion von Orientalismus und antimuslimischem Rassismus*, Bielefeld (transcript) 2009a.

Attia, Iman: *Kommentar zum Vortrag von Yasemin Shooman „Islamfeindlichkeit im World Wide Web".* In: Benz, Wolfgang (Hrsg.): Islamfeindschaft und ihr Kontext. Dokumentation der Konferenz „Feindbild Muslim – Feindbild Jude", Berlin (Metropol) 2009b. S. 85-89.

Awounou, Philipp: *Facebook-Hetze wegen Werbeplakat. Ein ganz normales Paar*, 31.3.2018. http://www.spiegel.de/panorama/gesellschaft/facebook-hetze-philipp-awounou-wurde-opfer-eines-shitstorms-a-1200301.html, zuletzt aufgerufen am 22.1.2019.

Axenfeld, Karl: *Die Ausbreitung des Islam in Afrika und ihre Bedeutung für die deutschen Kolonien.* In: Verhandlungen des Deutschen Kolonialkongresses 1910 zu Berlin am 6.,7. und 8. Oktober 1910, Berlin (Dietrich Reimer/ Ernst Vohsen) 2010. S. 629-638.

Balibar, Étienne: *Gibt es einen Neo-Rassismus?* In: Ders.; Wallerstein, Immanuel (Hrsg.): Rasse, Klasse, Nation. Ambivalente Identitäten, Berlin/ Hamburg (Argument) 1990. S. 23-38.

Baumann, Bernd: *AfD – Erste Kontroverse im Bundestag zwischen Dr. Bernd Baumann AfD und Christine Buchholz (Linke)*, Berlin 2017, https://www.youtube.com/watch?v=qNHNpEEtWKc, zuletzt aufgerufen am 22.1.2019.

Bauman, Zygmunt: *Modernity and the Holocaust*, Ithaca (Cornell University) 1989.

Bebnowski, David: *Die Alternative für Deutschland. Aufstieg und gesellschaftliche Repräsentanz einer rechten populistischen Partei*, Wiesbaden (Springer VS) 2015.

Becher, Philipp: *Rechtspopulismus*, Köln (PapyRossa) 2013.

Becker, Carl Heinrich: *Materialien zur Kenntnis des Islam in Deutsch-Ostafrika.* In: Ders. (Hrsg.): Der Islam, Hamburg (C.Boysen) 1911. Band II. S. 1-48.

Becker, Carl Heinrich: *Staat und Mission in der Islampolitik.* In: Verhandlungen des Deutschen Kolonialkongresses 1910 zu Berlin am 6.,7. und 8. Oktober 1910, Berlin (Dietrich Reimer/ Ernst Vohsen) 1910. S. 638-651.

Benz, Wolfgang: *Die „Alternative für Deutschland" und der Antisemitismus.* In: Deutschland Archiv, 26.7.2016. www.bpb.de/231398, zuletzt aufgerufen am 14.1.2018.

Benz, Wolfgang: *Protokolle der Weisen von Zion. Die Legende von der jüdischen Weltverschwörung*, München (C.H.Beck) 2011a.

Benz, Wolfgang: *Antisemitismus und ‚Islamkritik'. Bilanz und Perspektive*, Berlin (Metropol) 2011b.

Benz, Wolfgang: *Einführung zur Konferenz „Feindbild Muslim – Feindbild Jude".* In: Islamfeindschaft und ihr Kontext. Dokumentation der Konferenz „Feindbild Muslim – Feindbild Jude", Berlin (Metropol) 2009. S.9-20.

Benz, Wolfgang: *Was ist Antisemitismus*, München (C.H. Beck) 2004.

Bericht aus Berlin: Ausschnitt auf YouTube ‚*Merkel mit Kopftuch'*, 4..10.2015. https://www.youtube.com/watch?v=CDaggMcoB6A, zuletzt aufgerufen am 28.1.2019.

Bhabha, Homi: *The Location of Culture*, London/New York (Routledge) 1994.

Bonn, Scott A.: *The Social Construction of Iraqi Folk Devils: Post-9/11 Framing by the G.W. Bush Administration and US News Media.* In: Morgan, George; Poynting, Scott (Hrsg.): Global Islamophobia. Muslims and Moral Panic in the West, Farnham (Ashgate) 2012. S. 83-99.

Botsch, Gideon et al. (Hrsg.): *Islamophobie und Antisemitismus – ein umstrittener Vergleich*, Berlin/Boston (de Gruyter) 2012.

BR: *Kampfansage nach Bundestagswahl. AfD-Politiker Gauland über Merkel. „Wir werden sie jagen"*, 24.9.2017. https://www.br.de/bundestagswahl/afd-politikergauland-ueber-merkel-wir-werden-sie-jagen-100.html, zuletzt aufgerufen am 14.1.2018.

Brumlik, Micha: *Kontinuitäten von Antisemitismus und Berührungsflächen zur Islamophobie*. In: Botsch, Gideon et al. (Hrsg.): Islamophobie und Antisemitismus – ein umstrittener Vergleich, Berlin/Boston (de Gruyter) 2012. S. 65-80.

Bryce, Derek: *The Absence of Ottoman, Islamic Europe in Edward W. Said's Orientalism*. In: Theory, Culture & Society 30/1, 2013. S. 99-121.

Bunzl, Matti: *Between Anti-Semitism and Islamophobia: Some Thoughts on the New Europe*. In: American Ethnologist 32/4, 2005. S. 499-508.

Bunzl, John/ Senfft, Alexandra (Hrsg.): *Zwischen Antisemitismus und Islamophobie. Vorurteile und Projektionen in Europa und Nahost*, Hamburg (VS) 2008.

Bunzl, John: *Auf den Spuren der „Protokolle von Mekka"?* In: Der Standard, 7.12.2007. https://derstandard.at/3040381/Auf-den-Spuren-der-Protokolle-von-Mekka, zuletzt aufgerufen am 16.1.2018.

Çetin, Zülfukar: *Der Schwulenkiez. Homonationalismus und Dominanzgesellschaft*. In: Attia, Iman; Köbsell, Swantje; Prasad, Nivedita (Hrsg.): Dominanzkultur Reloaded. Neue Texte zu gesellschaftlichen Machtverhältnissen und ihren Wechselwirkungen, Bielefeld (transcript) 2015. S. 35-46.

Çetin, Zülfukar/ Wolter, Salih Alexander: *Fortsetzung einer „Zivilisierungsmission". Zur deutschen Beschneidungsdebatte*. In: Çetin, Zülfukar; Voß, Heinz-Jürgen; Wolter, Sali Alexander (Hrsg.): Interventionen gegen die deutsche „Beschneidungsdebatte", Münster (edition assemblage) 2012. S. 15-50.

Césaire, Aimé: *Über den Kolonialismus*, Berlin (Wagenbach) 1950 [1968].

ChrAfD: *Ihre ChrAfD-Bundestagskandidaten, 2017*. http://www.chrafd.de/index.php/71-ihre-chrafd-bundestagskandidaten, zuletzt aufgerufen am 6.11.2017.

ChrAfD Grundsatzerklärung: *Wofür steht ChrAfd?*, 2017. http://www.chrafd.de/index.php/grundsatzerklaerung, zuletzt aufgerufen am 6.11.2017.

Çırakman, Aslı: *From the "Terror of the World" to the "Sick Man of Europe": European Images of Ottoman Empire and Society from the Sixteenth Century to the Nineteenth*, New York (Peter Lang) 2002.

Crenshaw, Kimberle: *Mapping the Margins: Intersectionality, Identity Politics, and Violence against Women of Color*. In: Stanford Law Review 43/6, 1991. S. 1241-1299.

Decker, Oliver/ Brähler, Elmar (Hrsg.): *Flucht ins Autoritäre. Rechtsextreme Dynamiken in der Mitte der Gesellschaft*, Gießen (Psychosozial) 2018. https://www.boell.de/sites/default/files/leipziger_autoritarismus-studie_2018_-_flucht_ins_autoritaere_.pdf, zuletzt aufgerufen am 27.02.2019.

Dobrindt, Alexander: *„Wir brauchen eine bürgerlich-konservative Wende"*. In: Die Welt, 4.1.2018. https://www.welt.de/debatte/kommentare/article172133774/Warum-wir-nach-den-68ern-eine-buergerlich-konservative-Wende-brauchen.html, zuletzt aufgerufen am 8.1.2018.

Eggers, Maureen Maisha/ Kilomba, Grada/ Piesche, Peggy/ Arndt, Susan (Hrsg.): *Mythen, Masken und Subjekte. Kritische Weißseinsforschung in Deutschland*, Münster (UNRAST) 2005.

extra 3/ NDR: *Der kleine Mann beim KOPP-Kongress*, 5.10.2016. https://www.facebook.com/extra3/videos/10154111157328918/, zuletzt aufgerufen am 21.1.2019.

Fanon, Frantz: *Schwarze Haut, weiße Masken*, Frankfurt a.M. (Suhrkamp) 1952 [1985].

Fanon, Frantz: *Rassismus und Kultur*. In: Für eine afrikanische Revolution. Frankfurt a.M. (März) 1972. S. 38-52.

Fanon, Frantz: *A Dying Colonialism*, New York (Grove) 1965.

FAZ: AfD teilt aus. Gauland: *Özoguz in Anatolien entsorgen*, 28.8.2017. http://www.faz.net/aktuell/politik/bundestagswahl/afd-alexander-gauland-traeumt-von-entsorgung-aydan-oezoguz-15171141.html, zuletzt aufgerufen am 8.1.2018.

Fischer, Ralf: *"Jüdisch in Anführungszeichen"*. In: Jungle World, 20.9.2018. https://jungle.world/artikel/2018/38/juedisch-anfuehrungszeichen, zuletzt aufgerufen am 21.1.2019.

Flores, Alexander: *Arabischer Antisemitismus in westlicher Perspektive*. In: Bunzl, John/Senfft, Alexandra (Hrsg.): Zwischen Antisemitismus und Islamophobie. Vorurteile und Projektionen in Europa und Nahost, Hamburg (VSA) 2008. S.145-159.

Focus Magazin: Exklusiv: *Was in der Kölner Nacht wirklich geschah*, 09.01.2016. http://www.focus.de/magazin/archiv/jahrgang_2016/ausgabe_2/, aufgerufen am 28.04.2016.

Foucault, Michel: *„Archäologie einer Leidenschaft", Gespräch mit Charles Ruas*, 15. September 1983, aus dem Französischen übersetzt von Hans Dieter Gondek. In: Ders. (Hrsg.): Schriften in vier Bänden. Band IV, 1980-1988, Frankfurt a.M. (Suhrkamp) 1983 [2005]. S. 734-746.

Foucault, Michel: *Der Wille zum Wissen. Sexualität und Wahrheit I*, Frankfurt a.M. (Suhrkamp) 1983.

Foucault, Michel: *Überwachen und Strafen*, Frankfurt a.M. (Suhrkamp) 1975 [1993].

Foucault, Michel: *Die Ordnung des Diskurses*, Frankfurt a.M. (Fischer Taschenbuch) 1972 [2014].

Foucault, Michel: *Archäologie des Wissens*, Frankfurt a.M. (Suhrkamp) 1969 [1981].

Friedrich, Sebastian: *Der Aufstieg der AfD. Neokonservative Mobilmachung in Deutschland*, Berlin (Bertz+Fischer) 2015.

Froberger, Jos: *Welches ist der Kulturwert des Islam für koloniale Entwicklung?* In: Verhandlungen des Deutschen Kolonialkongresses 1905 zu Berlin am 5., 6. und 7. Oktober 1905, Berlin (Dietrich Reimer/ Ernst Vohsen) 1905. S. 527-538.

Fuhrmann, Malte: *Der Traum vom deutschen Orient. Zwei deutsche Kolonien im Osmanischen Reich 1851-1918*, Frankfurt a. M. /New York (Campus) 2006.

Geden, Oliver: *Rechtspopulismus. Funktionslogiken – Gelegenheitsstrukturen – Gegenstrategien*, Berlin (Stiftung Wissenschaft und Politik) 2007.

Gilman, Sander L.: *Die jüdische Nase: Sind Juden/Jüdinnen weiß? Oder: die Geschichte der Nasenchirurgie*. In: Eggers, Maureen Maisha et al. (Hrsg.): Mythen, Masken und Subjekte. Kritische Weißseinsforschung in Deutschland, Münster (UNRAST) 2005 [2009]. S. 394-415.

Glaser, Albrecht: *AfD-Wahlkampfveranstaltung mit Joana Cotar und Albrecht Glaser in Frankfurt a.M., 11.08.2017a*. https://www.youtube.com/watch?v=eZByvpG9S4A, zuletzt aufgerufen am 31.1.2019.

Glaser, Albrecht: *Albert Glaser im phoenix Interview, 23.10.2017b*. https://www.youtube.com/watch?v=cNFYagf_khw, zuletzt aufgerufen am 9.12.2017.

Goldberg, David Theo: *'Racial Europeanization'*. In: Ethnic and Racial Studies 29/2, 2006. S. 331-364.

Gottschalk, Peter/ Greenberg, Gabriel: *Common Heritage, Uncommon Fear: Islamophobia in the United States and British India, 1687-1947*. In: Ernst, Carl W. (Hrsg.): Islamophobia in America. The Anatomy of Intolerance, New York (Palgrave Macmillan) 2013. S. 21-51.

JFDA: *Grundsatzerklärung zur Bekämpfung des Antisemitismus*, 2018. https://jfda.de/blog/2018/07/09/grundsatzerklaerung/, zuletzt aufgerufen am 21.1.2019.

Hafez, Farid: *Antisemitismus – Islamophobie. Der Stand der Disziplin*. In: inamo 92, 2017a. S. 7-11.

Hafez, Farid: *Anti-Soros-Kampagnen in Europa und in den USA. Wenn Antisemitismus und Islamophobie Hand in Hand gehen, 2017b*. https://de.qantara.de/inhalt/anti-soros-kampagnen-in-europa-und-in-den-usa-wenn-antisemitismus-und-islamophobie-hand-in?nopaging=1, zuletzt aufgerufen am 21.1.2019.

Hammond, Peter: *Slavery, Terrorism and Islam. The Historical Roots and Contemporary Threat*, Maitland (Xulon) 2010.

Hansen, Hubert: *Welche Aufgaben stellt die Ausbreitung des Islam in den Missionen und Ansiedlern in den deutschen Kolonien?*. In: Verhandlungen des Deutschen Kolonialkongresses 1910 zu Berlin am 6.,7. und 8. Oktober 1910, Berlin (Dietrich Reimer/ Ernst Vohsen) 1910. S. 652-673.

Hall, Stuart: *Die Frage des Multikulturalismus*. In: Ders. (Hrsg.): Ideologie, Identität, Repräsentation. Ausgewählte Schriften 4, Hamburg (Argument) 2004. S. 188-227.

Hall, Stuart: *Der Westen und der Rest: Diskurs und Macht*. In: Ders. (Hrsg.): Rassismus und kulturelle Identität. Ausgewählte Schriften 2, Hamburg (Argument) 1994. S. 137-179.

Haridi, Alexander: *Das Paradigma der „islamischen Zivilisation" – oder die Begründung der deutschen Islamwissenschaft durch Carl Heinrich Becker (1876 – 1933). Eine wissenschaftsgeschichtliche Untersuchung*, Würzburg (Ergon) 2005.

Hartmann, Martin: *Frageblatt zur Islamausbreitung in Afrika*. In: Kampffmeyer, Georg (Hrsg.): Die Welt des Islams, Band I, Heft 1, Berlin (Dietrich Reimer/ Ernst Vohsen) 1913. S.42-44.

Häusler, Alexander/ Roeser, Rainer: *Die rechten 'Mut-Bürger'-Bürger. Entstehung, Entwicklung, Personal & Positionen der 'Alternative für Deutschland'*, Hamburg (VSA) 2015.

Häusler, Alexander/ Roeser, Rainer: *Rechtspopulismus in Europa und die rechtspopulistische Lücke in Deutschland*, Erfurt (MOBIT e. V.) 2014. http://www.mobit.org/Material/Rechtspopulismus_08_2014.pdf, zuletzt aufgerufen am 27.02.2019.

Häusler, Alexander: *Das rechte Akteursfeld im antimuslimischen Rassismus*. In: Attia, Iman; Häusler, Alexander; Shooman, Yasemin (Hrsg.): Antimuslimischer Rassismus am rechten Rand, Münster (UNRAST) 2014. S. 62-85.

Hebold, Wolfgang: *„Ist Schäuble noch recht bei Sinnen?"*. In: Die Verheerung Europas, 26.05.2017a. http://www.die-verheerung-europas.de/tagebuch-2017-05.xhtml#26_ 05_2017, zuletzt aufgerufen am 06.08.2017.

Hebold, Wolfgang: *„Warum es keinen liberalen Islam geben kann"*. In: Die Verheerung Europas, 07.07.2017b. http://www.die-verheerung-europas.de/tagebuch-2017-06.xhtml# 07_07_2017, zuletzt aufgerufen am 06.08.2017.

Hebold, Wolfgang: *„Der Kopftuchmoslem"*. In: Die Verheerung Europas, 31.03.2016. http://www.die-verheerung-europas.de/tagebuch-2016-03 zuletzt aufgerufen am 06.08.2017.

Hecht, Cornelia: *Deutsche Juden und Antisemitismus in der Weimarer Republik*, Bonn (Dietz) 2003.

Held, Josef/ Hackl, Rita/ Bröse, Johanna: *Rechtspopulismus und Rassismus im Kontext der Fluchtbewegung. Politische Orientierungen von Jungen Auszubildenden in Baden-Württemberg*, Berlin (Rosa-Luxemburg Stiftung) 2017.

Heitmeyer, Wilhelm (Hrsg.): *Deutsche Zustände*. Folge 10, Frankfurt a.M. (Suhrkamp) 2012.

Heni, Clemens: *How German is the Jewish Museum in Berlin*. In: The Times of Israel, 27.1.2019. https://blogs.timesofisrael.com/how-german-is-the-jewish-museum-berlin/, zuletzt aufgerufen am 29.1.2019.

Herf, Jeffrey: *Comparative perspectives on anti-Semitism, Radical anti-Semitism in the Holocaust and American white racism*. In: Journal of Genocide Research 9/4, 2007. S. 575-600.

Hering Torres, Max Sebastián: *Rassismus in der Vormoderne. Die „Reinheit des Blutes" im Spanien der Frühen Neuzeit*, Frankfurt a. M. /New York (Campus) 2006.

HNA: *Northeimer Friedhof: Muslimische Gräber mit Hakenkreuzen beschmiert*, 11.11.2018. https://www.hna.de/lokales/northeim/northeim-ort47320/northeim-muslimische-graeber-mit-hakenkreuzen-beschmiert-10547228.html, zuletzt aufgerufen am 21.1.2019.

Horkheimer, Max/ Adorno, Theodor W.: *Dialektik der Aufklärung. Philosophische Fragmente*, Frankfurt a.M. (Fischer) 1988.

Jansen, Frank: *Juden und Muslime. Das doppelte Feindbild*. In: Tagesspiegel, 7.12.2008. https://www.tagesspiegel.de/meinung/juden-und-muslime-das-doppelte-feindbild/1389814.html, zuletzt aufgerufen am 21.1.2019.

Ipsos Mori Studie: *Perils of Perception*, 2016. https://www.ipsos.com/sites/default/files/2016-12/Perils-of-perception-2016.pdf, zuletzt aufgerufen am 25.1.2019.

Kerchner, Brigitte: *Diskursanalyse in der Politikwissenschaft. Ein Forschungsüberblick*. In: Kerchner, Brigitte; Schneider, Silke (Hrsg.): Foucault: Diskursanalyse der Politik. Eine Einführung, Wiesbaden (VS) 2006. S.33-67.

Keskinkılıç, Ozan Zakariya: *No-go-Area-Debatten*. In: Keskinkılıç, Ozan Zakariya/ Langer, Armin (Hrsg.): Fremdgemacht & Reorientiert. jüdisch-muslimische Verflechtungen, Berlin (Yilmaz-Günay) 2018. S. 53-69.

Keskinkılıç, Ozan Zakariya/ Langer, Armin (Hrsg.): *Fremdgemacht & Reorientiert. jüdisch-muslimische Verflechtungen*. Berlin (Yilmaz-Günay) 2018.

Keskinkılıç, Ozan: *'Der orientalische Mann' vor|nach Köln. Zur sexuell-kulturellen Dynamik des antimuslimischen Rassismus in der Fluchtdebatte*. In: Yurdakul, Gökce et al. (Hrsg.): Witnessing the Transition: Moments in the Long Summer of Migration, Berlin (BIM) 2017. S. 61-73.

Keskinkılıç, Ozan: *Antimuslimischer Rassismus. Figuren, Funktionen und Beziehungen zum Antisemitismus*. In: Heimatkunde Böll, 2016. https://heimatkunde.boell.de/2016/11/24/antimuslimischer-rassismus-figuren-funktionen-und-beziehungen-zum-antisemitismus, zuletzt aufgerufen am 14.1.2018.

Keskinkılıç, Ozan: *Montagsspaziergang. PEGIDA in der Orientalismus-Kritik*. In: inamo 83/21, 2015. S. 28-33.

Königseder, Angelika: *Feindbild Islam*. In: Benz, Wolfgang (Hrsg.): Islamfeindschaft und ihr Kontext. Dokumentation der Konferenz „Feindbild Muslim – Feindbild Jude", Berlin (Metropol) 2009. S. 21-33.

Klein, Anna/ Heitmeyer, Wilhelm: *Demokratie auf dem rechten Weg? Entwicklungen rechtspopulistischer Orientierungen und politischen Verhaltens in den letzten zehn Jahren*. In: Heitmeyer, Wilhelm (Hrsg.): Deutsche Zustände. Folge 10, Berlin (Suhrkamp) 2012. S. 87-104.

Krauth, Stefan: *Antiislamosemitophobismus*. In: *Jungle World*, 18.12.2008. https://jungle.world/artikel/2008/51/antiislamosemitophobismus, zuletzt aufgerufen am 21.1.2019.

Lendvai, Paul: *Antisemitismus ohne Juden. Entwicklungen und Tendenzen in Osteuropa*. München (Europaverlag) 1972.

Loimeier, Roman: *Edward Said und der Deutschsprachige Orientalismus: Eine Kritische Würdigung*. In: Stichproben. Wiener Zeitschrift für kritische Afrikastudien 2/1, 2001. S. 63-85.

Mahmood, Mamdani: *Good Muslim, Bad Muslim: America, the Cold War, and the Roots of Terror*, New York (First Three Leaves Press Edition) 2005.

Marchand, Suzanne L.: *German Orientalism in the Age of Empire. Religion, Race, and Scholarship*, Washington (Cambridge University) 2009.

Mendel, Meron/ Messerschmidt, Astrid: *Einleitung*. In: Dies. (Hrsg.): Fragiler Konsens. Antisemitismuskritische Bildung in der Migrationsgesellschaft, Frankfurt a.M. (Campus) 2017. S. 11-23.

Mendel, Meron/ Uhlig, Tom David: *Challenging Postcolonial: Antisemitismuskritische Perspektiven auf postkoloniale Theorie*. In: Mendel, Meron/ Messerschmidt, Astrid (Hrsg.): Fragiler Konsens. Antisemitismuskritische Bildung in der Migrationsgesellschaft, Frankfurt a.M. (Campus) 2017. S. 249-267.

Metropol Verlag: *Ankündigungstext zu Wolfgang Benz (Hrsg.) Islamfeindschaft und ihr Kontext, Dokumentation der Konferenz „Feindbild Muslim – Feindbild Jude"*, Berlin 2009. http://metropol-verlag.de/produkt/wolfgang-benz-hrsg-islamfeindschaft-und-ihr-kontext/, zuletzt aufgerufen am 21.1.2019.

Modood, Tariq: *Multicultural Politics: Racism, Ethnicity, and Muslims in Britain*, Minneapolis (University of Minnesota) 2005.

Morgan, George/ Poynting, Scott: *Global Islamophobia. Muslims and Moral Panic in the West*, Farnham (Ashgate) 2012.

Morgenpost: *Jüdische Gemeinde kritisiert Leitung des Jüdischen Museums*, 23.1.2019. https://www.morgenpost.de/kultur/article216272811/Juedische-Gemeinde-kritisiert-Leitung-des-Juedischen-Museums.html, zuletzt aufgerufen am 29.1.2019.

Morgenpost: *Unter Terrorverdacht: Soldat gab sich als Flüchtling aus*, 27.4.2017. https://www.morgenpost.de/politik/article210386417/Soldat-gab-sich-als-Fluechtling-aus-und-plante-Anschlag.html, zuletzt aufgerufen am 22.1.2019.

MOZ: *AfD-Parteichef Meuthen: „Ich sehe noch vereinzelt Deutsche"*, 22.4.2017. http://www.moz.de/artikel-ansicht/dg/0/1/1568572, zuletzt aufgerufen am 10.11.2017.

Odessky, M.P.: *Anti-Semitism and the Vampire Theme*. In: Katsis, Leoni/ Tolstoy, Helen (Hrsg.): Jewishness in Russian Culture: Within and Without, 2013. S. 165-174.

Özdemir, Cem: *Debatte zur Situation in Deutschland*, 05.09.2017. https://www.youtube.com/watch?v=Ii9YrsiC3fU, zuletzt aufgerufen am 8.1.2018.

Panorama: *„Kontaktversuch: 'Lügenpresse' trifft Pegida"*, Nr. 790, 18. Dezember 2014. https://daserste.ndr.de/panorama/archiv/2014/Kontaktversuch-Luegenpresse-trifft-Pegida-,pegida136.html, zuletzt aufgerufen am 28.03.2015.

Pesek, Michael: *Islam und Politik in Deutsch-Ostafrika, 1905-1919*. In: Wirz, A., Bromber, K. & Eckert, A. (Hrsg.): Alles unter Kontrolle- Disziplinierungsverfahren im kolonialen Tanzania (1850-1960), Hamburg (LIT) 2003. S. 99-140.

Petry, Frauke: *„AfD ist einer der wenigen Garanten jüdischen Lebens"*. In: *Die Welt*, 06.04.2017. von Matthias Kamann. https://www.welt.de/politik/deutschland/article163446354/AfD-ist-einer-der-wenigen-Garanten-juedischen-Lebens.html, zuletzt aufgerufen am 12.07.2017.

Pfahl-Traughbers, Armin: *Die fehlende Trennschärfe des „Islamophobie"-Konzepts für die Vorurteilsforschung. Ein Plädoyer für das Alterativ-Konzept „Antimuslimismus" bzw. „Muslimenfeindlichkeit"*. In: Botsch, Gideon et al. (Hrsg.): Islamophobie und Antisemitismus – ein umstrittener Vergleich, Berlin/Boston (de Gruyter) 2012. S. 11-28.

pi-news: *Merkel will ein islamisches Deutschland*, 14.10.2016. http://www.pi-news.net/2016/10/merkel-will-ein-islamisches-deutschland/, zuletzt aufgerufen am 14.10.2016.

Priester, Karin: *Rechtspopulismus – ein umstrittenes theoretisches und politisches Phänomen*. In: Virchow, Fabian; Langebach, Martin; Häusler, Alexander (Hrsg.): Handbuch Rechtsextremismus, Wiesbaden (Springer VS) 2016. S. 533-560.

Posener, Alan: *Was ist am Jüdischen Museum noch jüdisch?*. In: Die Welt, 5.9.2018. https://www.welt.de/debatte/kommentare/article181424992/Islamophobie-Was-ist-am-Juedischen-Museum-Berlin-noch-juedisch.html, zuletzt aufgerufen am 21.1.2019.

Rana, Junaid: *Islam und das Schwarze Amerika. Die Geschichte des antimuslimischen Rassismus*. In: Attia, Iman/ Popal, Mariam (Hrsg.): BeDeutungen dekolonisieren. Spuren von (antimuslimischem) Rassismus, Münster (UNRAST) 2018. S.149-170.

Recklinghäuser Zeitung: *Stolpersteine mit Folie manipuliert*, 01.10.2018. http://www.recklinghaeuser-zeitung.de/staedte/recklinghausen/45657-Recklinghausen-/Staatsschutz-ermittelt-Stolpersteine-mit-Folie-manipuliert;art1000,2260684, zuletzt aufgerufen am 21.1.2019.

Rensmann, Lars: *Populismus und Ideologie*. In: Decker, Frank (Hrsg.): Populismus – Gefahr für die Demokratie oder nützliches Korrektiv?, Wiesbaden (Springer VS) 2006. S. 59 – 80.

RIAS: *Aktuelle Zahlen zu antisemitischen Vorfällen*, Berlin 2018. https://report-antisemitism.de/#/public, zuletzt aufgerufen am 21.1.2019.

Richter, Julius: *Der Islam eine Gefahr für unsere afrikanischen Kolonien*. In: Verhandlungen des Deutschen Kolonialkongresses 1905 zu Berlin am 5., 6. und 7. Oktober 1905. Berlin (Dietrich Reimer/ Ernst Vohsen) 1905. S. 510-527.

Riebe, Jan: *Wie antisemitisch ist die AfD?*. In: Belltower, 2016. http://www.belltower.news/artikel/wie-antisemitisch-ist-die-afd-11021, zuletzt aufgerufen am 8.1.2018.

Rohde, Achim: *Der innere Orient. Orientalismus, Antisemitismus und Geschlecht im Deutschland des 18. bis 20. Jahrhunderts.* In: Die Welt des Islams 45/4, 2005. S. 370-411.

Rommelspacher, Birgit: *Was ist eigentlich Rassismus?*. In: Melter, Claus; Mecheril, Paul (Hrsg.): Rassismuskritik, Rassismustheorie und –forschung, Schwalbach (Wochenschau) 2009. S. 25-38.

Rommelspacher, Birgit: *Dominanzkultur. Texte zu Fremdheit und Macht*, Berlin (Orlanda Frauenverlag) 1998.

Said, Edward W.: *Orientalism*, New York (Vintage) 1978 [1995].

Schiffer, Sabine/ Wagner, Constantin: *Antisemitismus und Islamophobie: Ein Vergleich*, Wassertrüdingen (HWK) 2009.

Schiffer, Sabine: *Kommentar zum Vortrag von Angelika Königseder. „Feindbild Islam".* In: Benz, Wolfgang (Hrsg.): Islamfeindschaft und ihr Kontext. Dokumentation der Konferenz „Feindbild Muslim – Feindbild Jude", Berlin (Metropol) 2009. S. 35-43.

Schultner, Anette: *Ist die AfD für Christen wählbar?*, 19.2.2016. http://kath.net/news/54062, zuletzt aufgerufen am 6.11.2017.

Schwanitz, Wolfgang G.: *Djihad „Made in Germany". Der Streit um den Heiligen Krieg 1914-1915.* In: Sozial.Geschichte 18/ 2, 2003. S. 7-34

Schwarz-Friesel, Monika/ Friesel, Evyatar: *„Gestern die Juden, heute die Muslime …"? Von den Gefahren falscher Analogien.* In: Botsch, Gideon et al. (Hrsg.): Islamophobie und Antisemitismus – ein umstrittener Vergleich, Berlin/Boston (de Gruyter) 2012. S. 29-50.

Shooman, Yasemin: *Zur Debatte über das Verhältnis von Antisemitismus, Rassismus und Islamfeindlichkeit.* In: Fritz Bauer Institut (Hrsg.): Antisemitismus und andere Feindseligkeiten, Frankfurt a.M./ New York (Campus) 2015a. S.125-156.

Shooman, Yasemin: *Einblicke gewähren in die Welt der Muslime. ‚Authentische Stimmen' und ‚Kronzeugenschaft' in antimuslimischen Diskursen.* In: Attia, Iman; Köbsell, Swantje; Prasad, Nivedita (Hrsg.): Dominanzkultur Reloaded. Neue Texte zu gesellschaftlichen Machtverhältnissen und ihren Wechselwirkungen, Bielefeld (transcript) 2015b. S. 47-58.

Shooman, Yasemin: *„…weil ihre Kultur so ist": Narrative des antimuslimischen Rassismus*, Bielefeld (transcript) 2014a.

Shooman, Yasemin: *Antimuslimischer Rassismus und Islamfeindlichkeit im World Wide Web.* In: Attia, I./Häusler, A./Shooman, Y. (Hrsg.): Antimuslimischer Rassismus am rechten Rand, Münster (UNRAST) 2014b. S. 34-61.

Shooman, Yasemin: *Islamophobie, antimuslimischer Rassismus oder Muslimfeindlichkeit? Kommentar zu der Begriffsdebatte der Deutschen Islam Konferenz.* In: Heimatkunde Böll, 2011. https://heimatkunde.boell.de/2011/07/01/islamophobie-antimuslimischer-rassismus-oder-muslimfeindlichkeit-kommentar-zu-der, zuletzt aufgerufen am 28.11.2016.

Shooman, Yasemin: *Islamfeindschaft im World Wide Web*. In: Benz, W. (Hrsg.): *Jahrbuch für Antisemitismusforschung*, Berlin (Metropol) 2008. S. 69-103.

Soyer, François: *Glaube, Kultur und Angst. Antimuslimischer Rassismus im Spanien der Frühen Neuzeit und im Europa des 21.Jahrhunderts – ein Vergleich*.
In: Attia, Iman/Popal, Mariam (Hrsg.): BeDeutungen dekolonisieren. Spuren des (antimuslimischen) Rassismus, Münster (UNRAST) 2018. S.126-148.

Staffa, Christian: *Antisemitismuskritik in Kirche und Theologie heute*. In: Mendel, Meron/ Messerschmidt, Astrid (Hrsg.): Fragiler Konsens. Antisemitismuskritische Bildung in der Migrationsgesellschaft, Frankfurt a.M. (Campus) 2017. S. 171-185.

von Storch, Beatrix: *Rede im Rahmen einer AfD-Veranstaltung in Jockgrim, Rheinland-Pfalz*, 9.6.2017. https://www.youtube.com/watch?v=GqXzCFzbc3E, zuletzt aufgerufen am 31.1.2019.

Süddeutsche Zeitung: *Am Wochenende*, 72.Jahrgang, Nr.6., 10.01.2016, München 2016.

Süddeutsche: *Der Anschlag, die AfD und ihre Masche*, 21.12.2016. http://www.sueddeutsche.de/politik/rechtspopulismus-der-anschlag-die-afd-und-ihre-masche-1.3305035, zuletzt aufgerufen am 6.11.2017.

Spilker, Annika: *Geschlecht, Religion und völkischer Nationalismus. Die Ärztin und Antisemitin Mathilde von Kemnitz-Ludendorff (1877-1966)*, Frankfurt/ New York (Campus) 2013.

Spivak, Gayatri Chakravorty: *Can the Subaltern speak?* In: William, Parick; Chrisman, Laura (Hrsg.): Colonial Discourse and Post-Colonial Theory, Hemel Hemstead (Harvester Wheatsheaf) 1988 [1994]. S. 66-111.

Taguieff, Pierre-André: *L'illusion populiste: de l'archaïque au médiatique*, Paris (Berg International) 2002.

Tamdgidi, Mohammad H.: *Beyond Islamophobia and Islamophilia as Western Epistemic Racisms: Revisiting Runnymede Trust's Definition in a World-History Context*. In: Islamophobia Studies Journal 1/1, 2012. S. 54-81.

Treitschke, Heinrich: *"Unsere Aussichten"*. In: Krieger, Karsten (Hrsg.): Der „Berliner Antisemitismusstreit" 1879-1881. Eine Kontroverse um die Zugehörigkeit der deutschen Juden zur Nation, München (K. G. Saur) 1879 [2003].

tz: *Merkel-Hetzbild in Zeitschrift. Leserin schockiert*, 15.3.2016. https://www.tz.de/muenchen/stadt/angela-merkel-burka-hetzbild-zeitschrift-beigelegt-6207956.html, zuletzt aufgerufen am 28.1.2019.

UEA: *Zweiter Antisemitismusbericht des Unabhängigen Expertenkreis Antisemitismus*, 2017. https://dbtg.tv/fvid/7121817, zuletzt aufgerufen am 21.1.2019.

VDK: *Verhandlungen des Deutschen Kolonialkongresses 1905 zu Berlin am 5., 6. und 7.Oktober 1905*, Berlin (Dietrich Reimer/ Ernst Vohsen) 1905.

VDK: *Verhandlungen des Deutschen Kolonialkongresses 1910 zu Berlin am 6.,7. und 8. Oktober 1910*, Berlin (Dietrich Reimer/ Ernst Vohsen) 1910.

vice: *Die AfD streitet sich über das beste Wahlplakat*, 2017. https://www.vice.com/de/article/gypyaw/die-afd-streitet-sich-uber-das-beste-wahlplakat, zuletzt aufgerufen am 10.11.2017.

Virchow, Fabian/ Langebach, Martin/ Häusler, Alexander (Hrsg.): *Handbuch Rechtsextremismus*, Wiesbaden (Springer VS) 2016.

Virchow, Fabian: *‚Rechtsextremismus': Begriffe – Forschungsfelder – Kontroversen.* In: Virchow, Fabian; Langebach, Martin; Häusler, Alexander (Hrsg.): Handbuch Rechtsextremismus, Wiesbaden (Springer VS) 2016. S. 5-41.

Walgenbach, Katharina: *‚Weißsein' und ‚Deutschsein' – Historische Interdependenzen.* In: Eggers et al (Hrsg.): Mythen, Masken und Subjekte. Kritische Weißseinsforschung in Deutschland, Münster (UNRAST) 2005 [2009]. S.377-393.

Weidel Alice: *Rede über die Gefahren für Homosexuelle*, 21.9.2017. www.youtube.com/watch?v=p1OCoM6Gku8&feature=youtu.be, zuletzt aufgerufen am 7.11.2017.

Weidel, Alice: tweet, 18.9.2017. https://twitter.com/ Alice_Weidel/status/909872488821161984, zuletzt aufgerufen am 7.11.2017.

Weidel, Alice: tweet, 23.7.2017. https://twitter.com/Alice_Weidel/status/889169314984722432, zuletzt aufgerufen am 7.11.2017.

Weidel, Alice: tweet, 17.7.2017. https://twitter.com/Alice_Weidel/status/886927770391072768, zuletzt aufgerufen am 7.11.2017.

Weidel, Alice: tweet, 27.6.2017. https://twitter.com/ AfD/status/879756242935312389, zuletzt aufgerufen am 7.11.2017.

Weidel, Alice: tweet, 14.6.2017. https://twitter.com/Alice_Weidel/status/874922446188576768, zuletzt aufgerufen am 8.11.2017.

Weidel, Alice: Alice Weidel im Exklusiv-Interview: *„Die AfD ist die einzige echte Schutzmacht für Schwule und Lesben in Deutschland"*, 20.9.2017. https://www.afd.de/alice-weidel-im-exklusiv-interview-die-afd-ist-die-einzige-echte-schutzmacht-fuer-schwule-und-lesben-in-deutschland/, zuletzt aufgerufen am 7.11.2017.

Weiss, Holger: *German Images of Islam in West Afric*. In: Sudanic Africa. A Journal of Historical Sources 11, 2000. S. 53–93.

Westermann, Diedrich: *Die Verbreitung des Islams in Togo und Kamerun. Ergebnisse einer Umfrage.* In: Kampffmeyer, Georg (Hrsg.): Die Welt des Islams, Band II, Berlin (Dietrich Reimer/ Ernst Vohsen) 1914. S. 188-276.

Yeğenoğlu, Meyda: *Colonial fantasies: towards a feminist reading of Orientalism*, Washington (Cambridge University) 1998.

Yurdakul, Gökce: *Jews, Muslims and the Ritual Male Circumcision Debate: Religious Diversity and Social Inclusion in Germany*. In: Social Inclusion 4/2, 2016. S. 77-86.

DIE ZEIT: *Muslime in Deutschland: Mindestens 950 islamfeindliche Straftaten im Jahr 2017*, 03.03.2018. https://www.zeit.de/gesellschaft/zeitgeschehen/2018-03/

muslime-deutschland-islamfeindlichkeit-angriff-bundesinnenministerium, zuletzt aufgerufen am 21.1.2019.

DIE ZEIT: *Fremdenhass: Weniger Angriffe auf Muslime in Deutschland*, 13.12.2018. https://www.zeit.de/politik/deutschland/2018-12/fremdenhass-angriffe-muslime-moschee-anzahl, zuletzt aufgerufen am 21.1.2019.

Ziege, Eva-Maria: *Mythische Kohärenz. Diskursanalyse des völkischen Antisemitismus*, Konstanz (UVK) 2002.

Danksagung

Mein aufrichtiger Dank gilt Prof'in Iman Attia, die mich als Student in meinem wissenschaftlichen Werdegang gefördert und vor einigen Jahren auf die in diesem Buch behandelte Islamdebatte der Deutschen Kolonialkongresse aufmerksam gemacht hat. Für die anregenden Diskussionen und kritischen Anmerkungen bin ich ihr sehr verbunden. Auch der fachliche Austausch der letzten Jahre mit Prof. Gökce Yurdakul und Dr. Yasemin Shooman war eine große Bereicherung und hat zum Gelingen dieser Arbeit beigetragen. Darüber hinaus bin ich meinem engen Freundes- und Familienkreis für die Unterstützung und Fürsorge dankbar. Mein besonderer Dank gilt Leoni J. Keskinkılıç, Saide Leraillé, Iman Al Nassre, Armin Langer, Sindyan Qasem und Daniel Gyamerah. Ich danke dem Verlag *AphorismA*, der die Publikation dieses Buches möglich gemacht hat.

Inhaltsverzeichnis

Vorwort 5

1. Einleitung 9
2. Theoretische und methodische Überlegungen 17
   2.1 Forschungsstand zu AfD, Rechtspopulismus und antimuslimischem Rassismus 17
   2.2 Orient- und Islamdiskurse: Postkoloniale Perspektiven 23
   2.3 Methodische Überlegungen: Die Ordnung der Islamdiskurse 26
3. Rechtspopulistische Argumentationsstrategien und Motive im (post-)kolonialen Kontext: AfD, Deutsche Kolonialkongresse 1905/1910 und die Gefahr der ‚Islamisierung' . 35
   3.1 Zur intersektionalen Unordnung der ‚Islamisierung Europas': Religion, Kultur und Geschlecht 35
   3.1.1 Kulturelle Ordnungen: ‚Kulturgefahren' oder ein antimuslimischer Rassismus ohne ‚Rassen' . . . 36
   3.1.2 Christlich-säkulare Ordnungen: Wem gehört das ‚Abendland'? 42
   3.1.3 Sexuell-geschlechtliche Ordnungen: Die Sexualität der *Anderen* 49
   3.1.4 Sicherheitspolitische Ordnungen: ‚Gewalt' zwischen Abstraktion und Konkretion . . . 53
   3.2 Instrumentelle Dreiecksbeziehungen und Überschneidungen: ‚Wir', ‚die Muslime' und andere *Andere* . . 58
   3.3 Diskursive Spaltungen: ‚gute' und ‚böse' Musliminnen und Muslime 65
   3.5 Demographische Bedrohungsszenarien 75
4. Die Figur des Muslims: Ein Antimuslimischer Rassismus ohne Musliminnen und Muslime 81
5. Fazit 95

Exkurs: Antimuslimischer Rassismus und Antisemitismus im Vergleich – Kontroversen und Beziehungen 102

Quellen und Literatur 128

Danksagung 142

Aus dem AphorismA Verlagsprogramm

Florian Fischer, Nenad Čupić
Die Kontinuität des Genozids
Die europäische Moderne und der Völkermord an den Herero und Nama in Deutsch-Südwestafrika

„Europa hat sich gegenüber der Gemeinschaft der Menschen für den höchsten Leichenberg in der Geschichte zu verantworten.", schrieb Aimé Césaire in seinem 1955 erschienenen Diskurs über den Kolonialismus. Er brachte damit 500 Jahre europäischer Geschichte auf einen Punkt: Massenmord. Das Buch zeigt auf, daß von Deutschland zu verantwortende Völkermorde nicht erst Mitte des 20. Jahrhunderts auftreten, sondern mit 500 Jahren europäischer Expansion und Ausbeutung verbunden sind. Dabei nimmt es als Ausgangspunkt den deutschen Genozid an den Herero und Nama im heutigen Namibia.

AphorismA Verlag Berlin 2015
1. Auflage | 126 Seiten | 15,00 €
ISBN 978-3-86575-047-1

israel & palästina
Zeitschrift für Dialog

Herausgegeben vom diAk e.V.
Israel ▪ Palästina ▪ Deutschland –
zusammen denken

Jede Ausgabe der Zeitschrift *israel & palästina* hat ein Schwerpunktthema und informiert umfassend über neue Entwicklungen im Nahostkonflikt. Beiträge, Analysen, Rezensionen und Originaldokumente liefern einen nahtlosen Überblick über die wichtigsten Ereignisse und prägende Veränderungen in der Region. Die Hefte haben einen Umfang von bis zu 80 Seiten.
Die Vierteljahreszeitschrift erscheint seit Januar 2013 im AphorimA Verlag Jahresabonnement: 32,– €, Einzelheft 10,– € zzgl. Versand, Auslandspreise auf Anfrage; Abo in der Mitgliedschaft im di**Ak** enthalten.